嬗变与归途

深一度看台湾

吴济海　著

九 州 出 版 社

图书在版编目（CIP）数据

嬗变与归途：深一度看台湾／吴济海著. -- 北京：
九州出版社，2023.9（2024.7 重印）
ISBN 978-7-5225-2080-3

I. ①嬗… Ⅱ. ①吴… Ⅲ. ①台湾–概况 Ⅳ.
①K925.8

中国国家版本馆 CIP 数据核字（2023）第 155269 号

嬗变与归途：深一度看台湾

作　　者	吴济海　著	
责任编辑	关璐瑶	
出版发行	九州出版社	
地　　址	北京市西城区阜外大街甲 35 号（100037）	
发行电话	（010）68992190/3/5/6	
网　　址	www.jiuzhoupress.com	
印　　刷	鑫艺佳利（天津）印刷有限公司	
开　　本	880 毫米 × 1230 毫米　32 开	
印　　张	10.5	
字　　数	191 千字	
版　　次	2023 年 9 月第 1 版	
印　　次	2024 年 7 月第 2 次印刷	
书　　号	ISBN 978-7-5225-2080-3	
定　　价	58.00 元	

自　序

　　本人从事涉台新闻采编工作已近 15 年，其中赴台湾驻点时间累计 34 个月，足迹遍及台澎金马地区所有 22 个县市，见证和记录了 2014 年以来台湾地区发生的几乎所有重大新闻事件，因此被一些朋友认为是"了解台湾"的媒体人。

　　然而，"了解越多，越觉得了解不够"，因此前些年我并未萌生过要写一本有关台湾书籍的想法。惟十几年来的日常工作几乎每天都与"台湾"二字打交道，这又激发了我"越不了解，越想了解"的兴趣。工作之余，通过阅读报刊、研读书籍、向方家请教等多种方式，试图更深入了解台湾社会和台湾问题。了解越多，兴趣更浓。

　　2018 年第四季度在台驻点采访期间，已记不起是哪一天，看着住处一摞摞翻阅过的报纸和文件夹里的剪报，突然想：也许该写点什么了。我想，那应该是对台湾观察研究多年后"质变"的"胎动"。

　　但那次驻台实在太忙。期间恰逢 2018 年 11 月"九合一"选举，工作任务繁多，全台各地跑采访，根本无暇理顺写作思路，也就未敢率尔操觚。回到北京后，才开始构思要写一本什么样的书。

写什么呢？我注意到，近些年来，大陆民众对台湾保持较高关注度。除了传统媒体的新闻报道和书籍，社交网络平台上也有不少介绍台湾相关内容的账号，大陆民众了解台湾相关内容的渠道是比较多的。很多人甚至对台湾政局、政治人物的动态和一些媒体名嘴的观点，都能巨细靡遗地细数；对岛内"朝野"攻防、统"独"论战、选举走向等都能条分缕析说出自己的看法。也就是说，2008年两岸全面直接双向"三通"以来，经过十几年的密切交流，大陆民众对台湾的了解和认识较此前明显更加深入。读者对涉台信息和知识的需求也已超越"宝岛风光""台湾旅游攻略""美食宝典"的"科普"阶段，人们渴望对台湾有更深度的认识。人们在了解台湾社会的种种现状时，也想了解现象背后的原因，想知道台湾社会是如何一步步嬗变至今天的模样的。

我还发现，不少人对台湾和台湾问题的认识容易出现两个倾向，一是认为"台湾，不就是那么回事儿"，言下之意是台湾并不难懂，解决台湾问题也并不复杂；二是认为"台湾问题太复杂"，很难说清楚，解决台湾问题不容易。

这种对台湾了解不够全面和细致的现象，实属正常。毕竟术业有专攻，每个人平常集中关注的领域并不一样，何况很多大陆民众迄今尚未踏足宝岛台湾。很多人关注台湾，是因为对实现祖国完全统一这个宏观大问题的高度关注，但囿于工作不同，平常并无多少时间去关注更多，遑论研究。

我觉得，台湾不应该只是少数专业人士研究的对象，应该有更多的人更全面地了解台湾、认识台湾。更多的大陆民众对台湾有更广和更深的了解，对两岸关系和平发展，对解决台湾问题实现祖国完全统一，是有益处的。

另外一个问题是，在台湾与各个县市、各行各业的人们交流时，我发现很多台湾民众是不了解大陆的。记得2010年暑期我第一次赴台时，曾经在台北某家饭店的电梯口前被一位年岁稍长的保洁大姐询问"大陆有没有这样的电梯？"我能确认，她的提问毫无恶意，只是因为对大陆不够了解但又充满好奇，才会对我提出这样的问题。至于网络上常流传的一些台湾名嘴关于大陆的荒谬介绍，更是令人捧腹。当然，名嘴们的荒谬说法，有的并不是不了解，而是怀有抹黑大陆的恶意。那位保洁大姐与他们是不一样的。

随着交流的增多，两岸民众较以往对彼此有了更多了解。但想象与现实、期待与落差的交织，同样需要更多交流，才能更全面深入地相互了解。

于是，我决定写一本比较全面介绍台湾现况及其"来龙去脉"的书。

总体而言，本书将结合我这些年来的观察和研究，从政治、经济、社会、文化、历史教育等多方面介绍台湾。本人喜欢历史，也认为欲理解现实必先了解历史，了解历史才能更好看清未来，因此书中有不少日据时期和 1945 年光复以来的台湾历史进程概述，力求向读者讲清楚"台湾是怎么一步一步变成现在这个样子的"，并对"台湾以后会怎样"做一些趋势性解读。对于很多人包括我自己之前也不甚清楚的一些特有现象，比如台湾芯片产业为何发达、台湾的媒体乱象、政治人物为何喜欢跑宫庙、人们为何喜爱棒球等，从历史和现状等层面做了介绍，希望让读者了解更广度的台湾。

求学阶段受过一定程度的学术训练，影响了我在本书写作过程中对资料来源的"较真"，因此脚注的标识等可能影响读者阅读的流畅。但学术的深究不是我写作本书的目的，事实上我也做不到在写这本书的过程中有多么学术，我时刻提醒自己，内容须力戒枯燥。

写作过程中，常常浮现在我脑海中的是在台湾社会看到和经历的事，因此书中有我在台湾亲身经历的故事，有现场观察与体悟，有关于台湾新闻的动态记录，还有不少专业人士和媒体的评论。希望这些故事和现场还原能为读者了解台湾提供更多感性和直观理解。

需要说明的是，由于篇幅和精力所限，本书的内容更新仅截至 2020 年底，2021 年以后的内容不再涉及。本书内容仅代表我个人的观察和记录，不代表任何机构和其他个人。

另，出于尊重当事人的隐私，一些故事中的人名在书中省去了。

前面提到，我也发现很多台湾民众对大陆不甚了解，那为何不写一本向台湾人介绍大陆的书？我想，如果台湾读者能读到这本书，看到一位常去台湾的大陆人这样介绍台湾，对他们了解大陆民众应该是有帮助的，也希望能触动他们向台湾社会介绍更加真实、立体、全面的大陆。

希望这本书能对读者了解台湾社会的现状、现状是如何来的、将来会怎样这三个问题有所助益。如果读者读完全书后，不再觉得"台湾，不就是那么回事儿"，也不轻易感叹"台湾问题太复杂"，那就是对本书的莫大肯定了。

我深知，以我个人的有限能力，实现上述目标有难度，但这确是我写作本书的初衷。请读者朋友们不吝赐教。

吴济海

2023 年春于北京

目　录

001　第一章　对立与嬗变

004　国民党：从"毋忘在莒"到"九二共识"

034　民进党：从"台独建国"到"借壳谋独"

054　决定胜负的中间选民

060　第三势力：各领风骚三五年

069　"孤独"的统派

074　政治人物口头禅

085　第二章　辉煌与沮丧

087　台湾没有印象中好？

088　钱淹脚目的"经济奇迹"年代

106　"奇迹"是如何产生的

110　为何"衰落"

116　意识形态主导经贸政策

129　傲视全球的半导体产业

140　失衡的产业结构

144　小确幸

149　**第三章　伤痕与错乱**

151　八田与一是谁？

160　教科书之乱

183　政客之乱

192　篡改历史"脱中"

195　也说"悲情"

221　**第四章　社会万花筒**

223　为什么各路候选人都勤跑宫庙？

228　疯棒球与"爱台湾"

236　媒体：台湾乱源之一？

257　最美的风景是人？

273 第五章 未 来

276 蓝绿消长与岛内政局

289 台湾会越走越远吗?

314 参考文献

321 后 记

第一章

对立与嬗变

观察台湾的一切，了解"蓝"和"绿"这两个概念是基本储备。和台湾朋友交流时，经常会听到"他是蓝的""那个地方是深绿"等表述，这两个颜色用词已深入台湾社会的方方面面。很多大陆读者通过媒体报道，也明白了蓝绿的大概意思。

中国国民党的党旗以蓝色为底色，民进党的党旗则以绿色为底色。因此，舆论最初就以蓝营称呼国民党，称民进党为绿营。蓝绿两党在诸多方面的主张、立场是不同的，甚至相互对立。

后来，这一概念慢慢延伸，台湾普通百姓也通常被舆论分为蓝营支持者、绿营支持者，或者简称为蓝营选民（蓝营基本盘）、绿营选民（绿营基本盘）。笔者发现，大陆不少读者持有"蓝营支持统一、绿营闹'独立'"的认识，实际情况是不是这样？蓝营选民、绿营选民各有哪些特征？

回答上述问题，需要了解过去几十年来，国民两党大陆政策主张、代表的两岸关系路线取向及其嬗变。

国民党：从"毋忘在莒"到"九二共识"

1949年，中国国民党从大陆退踞台湾，至今已七十余载。这期间，国民党主要经历了蒋介石、蒋经国、李登辉、连战、马英九等几位政治人物的领导。国民党在他们的带领下，大陆政策主张和两岸路线一直在嬗变中，这种调整和演变，对国民党、对台湾、对两岸关系都产生了重要影响。吴伯雄、朱立伦、洪秀柱、吴敦义等人也曾担任过国民党主席，但因任职时间较前几人短等因素，政策主张基本是沿袭、过渡或者说未能改变上述几位的政策。江启臣2020年3月当选国民党主席，本书研究内容截止到2020年12月，他任期尚不足一年，但国民党在他任内的政策主张却出现一些变化，受到关注，本章内容将予以记录。

蒋介石时期，国民党当局长时间以代表"中国正统"自居，不忘"反攻大陆""光复大陆"。去过金门、马祖参访观光的大陆民众，可能看过金门岛太武山上等地刻着的"毋忘在莒"四个大字。这是蒋介石1952年1月视察金门时给国民党金门守军的题词。"毋忘在莒"是春秋战国时期的一个成语故事，蒋介石用在此处，意在鼓舞金门驻守部队和所有台湾民众时刻不忘"光复大陆"。

那时候，国民党当局虽偏安台（湾）、澎（湖）、金（门）、马（祖）地区（广义上的台湾地区），却是以"中央"的眼光和视角来看待包括大陆和台湾在内的整个中国的。这一点从台北的街道主要以大陆城市命名就可看出。台湾坊间盛传，当年蒋介石让下属拿一张中国地图盖在台北市地图上，以不同地区的城市为台北各条街道命名。所以，在台北时，只要看街道名，就大概知道位于台北的哪个方向。比如锦州街，位于台北的东北区域。

蒋介石时期，国民党当局较长时间以"中华民国"的名号"代表中国"占据联合国安理会的常任理事国席位，直到1971年中华人民共和国恢复在联合国的合法席位和一切合法权利，台湾当局的"代表"被从联合国及其一切机构中驱逐。

蒋介石为了延续国民党集团和个人政治利益，在冷战开启之初利用美国势力插手两岸内部事务，直接制造了迄今未解决的台湾问题，国家统一未能完成。他在位时，在岛内长期推行"反共"教育，也对台湾民众的大陆认知和两岸关系产生了深远消极影响。民进党后来把两蒋时期的"反共"教育转成"反中""仇中"教育，让台湾民众对大陆、对国家和民族的认同进一步产生了一些障碍。

但客观讲，在维护一个中国原则、镇压"台独"分裂活动的问题上，蒋介石是不含糊的。据一些已经解密的历史资料记载，蒋介石时期，国共两党还曾经互派密使接触，就两岸统一问题交换意见。

蒋介石时期，台当局拒不接受美国炮制的"台湾地位未定论"，还与大陆不谋而合挫败美国强迫国民党从金门、马祖撤兵，与大陆"划海峡而治"，从而制造"两个中国"的企图。国民党当局和大陆都坚决维护海峡两岸中国人共同的祖产——南海诸岛和钓鱼岛的主权。

教育文化方面，国民党在台湾地区大力推行"国语"（中文）教育和中华传统文化，使中华文化在被日本殖民统治50年后的台湾逐渐厚实，教育"去殖民化"成效明显。蒋介石对学生说的"做一个堂堂正正的中国人，做一个活活泼泼的好学生"，作为标语被刷在学校教室墙面，影响了台湾几代人。

蒋介石1975年去世后，经过严家淦的短暂过渡，其子蒋经国1978年继任"总统"，成为台当局名义和实际上的领导人。事实上，蒋经国从1972年出任"行政院长"起即已掌实权。

几十年来，蒋经国在岛内最为人称道的主要包括三个方面：一是他从担任"行政院长"起即大力发展经济，带领台湾在20世纪七八十年代实现经济起飞，跻身"亚洲四小龙"。二是经常一身夹克装的他时常下乡体察民瘼，和蔼亲民的作风给老百姓留下良好的口碑。三是在去世前宣布"解严"、开放"党禁报禁"、开放老兵回大陆探亲等政策，赢得岛内各界好评。

现在，台湾舆论大多亲切地称他为小蒋或经国先生。即便是民进党的政治人物，如果想选举的话，也很少有人敢于公开诋毁他。岛内针对台当局几十年来历任领导人或政治人物声誉的各式民调中，小蒋长期高居首位。

在两岸政策方面，面对全国人大常委会 1979 年元旦发表《告台湾同胞书》郑重宣示争取祖国和平统一的大政方针，蒋经国任内先后提出"不接触、不谈判、不妥协"的"三不"政策和"三民主义统一中国"的主张，他拒绝与大陆和谈，也强调"不放弃光复大陆"的立场不会改变。

但随着形势的发展，台湾民众特别是当年跟着国民党赴台湾的老兵要求开放回大陆探亲交流的呼声日益高涨，蒋经国后期逐渐松绑大陆交流政策。

在他去世前 3 个月，也就是 1987 年 10 月，这位早年曾客居苏联长达 12 年，对思乡之苦有深刻体会的老人，终于决定开放台湾民众赴大陆探亲。这一小步，开启了 1949 年以来长期隔离后两岸交流的历史大门。

值得注意的是，蒋经国自 1972 年担任"行政院长"起开始的"催台青"政策，即大力提拔任用邱创焕、林洋港、李登辉等年轻的台湾省籍精英进入权力体系，国民党内部权力组织结构开始出现变化。后来有论者认为，正是蒋经国的

"催台青"举措，让一些主张"台独"的人（比如李登辉）"潜伏"进了国民党，给国民党、给台湾、给两岸关系都留下了后患，有"识人不明"之嫌。另外，蒋经国后期实行"政治革新"，台湾政治开始往西式政治制度方向发展，让台湾社会内部凝聚共识更加艰难。

蒋经国大力拔擢使用台湾省籍政治人才的做法，客观上产生了让"台独"分子进入国民党权力核心的后果；他在晚年实行"政治革新"、开放"党禁"等举措，也让台湾在他去世后逐步过渡到西式政党选举政治，从而使得台湾社会内部出现重大变化，两岸统一也面临更加复杂多变的局面。一些大陆读者常常因此替蒋经国感到"惋惜"，认为如果不是这样，今天面临的台湾问题可能没有那么复杂。

读者这是站在希望蒋经国及其领导的国民党推进两岸和平统一的角度来看问题，心情可以理解。但有个非常重要的事实不能忽视，国民党1949年退踞台湾后，其领导人的首要目标是巩固国民党在台湾的执政地位，而不是大陆读者期望的推动实现国家完全统一。了解了这个大的前提，就能更好理解蒋经国和国民党的各种政策。同样，国民党在岛内的主要对手民进党从成立的那天起，其首要目标便是推翻国民党在岛内的统治，并巩固民进党权力。

再谈回蒋经国。在当时，从维护和延续国民党在岛内统治利益的角度分析，实行"催台青"和"政治革新"，应当是蒋经国深思熟虑的做法。

首先是当年跟着国民党赴台的大陆各地精英逐渐凋零，国民党难以做到一直从外省人中选拔治理人才，为了不断补充新鲜血液维持代谢，国民党必须扩大选才范围，从本省人中拔擢政治精英。

在这里需要插入一个解释，即在台湾经常会听到的所谓外省人和本省人说法。外省人，是对1945年台湾光复后尤其是1949年前后跟随国民党赴台的大陆各地民众的总称。相对应的，1945年以前已经从大陆各地来台并在台生活的民众则被称为本省人。这两个概念当年本只是纯地域概念，但进入全面选举政治后，"独派"人物和民进党等为了捞取选举利益，刻意制造和挑起省籍矛盾，赋予了这两个概念以政治含义，甚至还把外省人、本省人分别称为"中国人"和"台湾人"，进一步造成族群对立，撕裂了社会。这个问题在后面章节再予详述。

回到"催台青"的问题。更重要的是，虽然受益于国际经济分工转移，台湾经济在蒋经国任内实现大发展，但在政治上，他比蒋介石遭遇更严峻的内外局面，他面临国民党在台执政权赓续的考验。

外部形势，20世纪70年代，国民党当局先是在1971年被逐出联合国，失去了在国际"代表中国"的舞台，接着又发生了美国与台当局"断交"并与中华人民共和国建交的重大变化，外部环境对台湾不利。国民党内部开始出现一种声音，认为国民党应尽快完成"中华民国与中国国民党的'在地化'"，也就是实现所谓的台湾本土化。台湾社会内部，受西方影响，20世纪七八十年代岛内"民主化"浪潮进一步高涨，"中坜事件""桥头事件""美丽岛事件"等社会运动不断给国民党威权统治带来冲击。这些都对国民党在台湾的稳定长期执政构成重大挑战。

面对内外接踵而来的压力和困局，蒋经国应该已逐步认识到，"光复大陆"无望，国民党要在台湾继续维持统治，必须得到台湾更多民众的支持。那么，吸纳台湾省籍精英逐渐进入权力核心，与所谓台湾本土势力结合，是国民党迟早要迈出的步子。

蒋经国选择"政治革新"使得台湾逐步走向西式政治道路，恐也是当时的冷战国际环境使然。蒋经国掌权期间仍处冷战时期，东西方两大阵营壁垒分明，美西方自然希望台湾走向美式"民主"，以彰显西方政治制度的优越性和西方阵营的不断壮大。何况国民党当局几十年来能维持在台湾的统治，正是拜1950年朝鲜战争爆发后一直受美国庇护所赐。要想持续获取西方阵营尤其是美国的支持，蒋经国当然清楚，台湾只能逐步往美式政治制度迈进。

另一方面，为了维系政党执政利益，国民党需要集结跟随国民党赴台的自由派、台湾省籍精英和地方派系在内的各种政治力量，以对抗大陆的和平统一主张。

因此，国民党必须进一步本土化，给台籍精英进入国民党高层的通道，与本土政治势力分享权力，赢得更多民众支持，以对抗大陆统一召唤，这是蒋经国和国民党为了延续国民党政治利益、保持台当局政治权力独立的自然选择。

有学者认为，当时，传统的国民党资深党员对于蒋经国选择"偏安"感到忧虑，尚未充分体会到他内心排定的优先顺序。①

至于蒋经国为何在1984年选择李登辉而没有选择其他政治精英作为他的"副总统"，他究竟是一时失察还是心中早有腹案要将李登辉培养成接班人？又或者是他对李登辉还处于考察期但突然去世让李登辉接了班？这些年来，岛内专家学者有过很多分析，甚至希望从他留下来的日记中能寻找蛛丝马迹；蒋家后人也提出过自己的看法。但终因蒋经国在1988年1月的猝逝，只能留给后世众说纷纭了。

总体而言，蒋氏父子统治台湾近40年期间，国民党坚持一个中国原则，实现两岸统一是两蒋的明确主张。1971年10月25日，蒋介石在庆祝台湾光复大会上致辞说："台湾的同胞与大陆的同胞不能分"，"台湾海峡虽然把台湾与大陆

_____

①吴启讷：《民主化抑或民族主义化？——从历史视角观察台湾政治转型》，《二十一世纪》2020年4月号。

隔开了，但在历史上、生活上、精神上，我们都是在一起的，永不分离"。① 蒋经国也多次说过，"台湾是中国的一部分，大陆也是中国的一部分，中国只有一个"，"中国必须统一，这是所有中国人的一个共同愿望"。②

"台独"主张在两蒋时期的台湾是非法的，国民党当局对"台独"活动予以坚决打击和镇压，一些"台独"分子被绳之以法，"台独"分子和团体只能选择流浪海外。据统计，20世纪40年代末到60年代初，因"台独"治罪，被判处死刑和10年以上重刑的多达546人。③ 经过持续40年的"去殖民化"和中国文化正统教育，两蒋时期的台湾，"中华大一统"是社会思想的绝对主流，"台独"没有传播土壤和空间。

这些原因，也让"台独"势力对两蒋特别是老蒋恨得牙痒痒。民进党上台后，"台独"势力对蒋介石进行各种清算。原先遍布岛内的"蒋公铜像"大部分已被移除，一些"急独"分子不时上演向蒋介石铜像泼红漆，甚至"砍头"破坏铜像的极端行为。

---

①转引自余克礼、贾耀斌主编：《国共两党关系90年图鉴》，北京：九州出版社，2011，第320页。
②转引自余克礼、贾耀斌主编：《国共两党关系90年图鉴》，北京：九州出版社，2011，第320页。
③转引自余克礼、贾耀斌主编：《国共两党关系90年图鉴》，北京：九州出版社，2011，第320页。

晚年饱受糖尿病之苦的蒋经国 1988 年 1 月还未来得及指定接班人突然病逝，根据台湾地区的所谓"宪法"，他的副手李登辉代理"总统"之位。在内外各种因素激荡中，经过系列折腾，李登辉当上了国民党主席，并转正为台当局领导人。

上台初期，在国民党内根基未稳的李登辉基本继承了蒋经国生前的大陆政策，对两岸民间交流逐渐放松，也不断重申自己支持两岸统一、反对"台独"的立场。

1988 年至 1990 年，李登辉在会见访宾、接受媒体采访、国民党会议等多个场合公开说："统一是台湾海峡两岸中国人民的愿望。""中国只有一个，将来必定统一！""当前对我们国家另一个很大的隐忧，就是'台独'思想。少数阴谋分子公然散播分离意识，意图分裂国土。""我们维护中华文化，追求国家统一的目标，绝不会改变。"……①

国民党当局 1990 年成立了"国家统一委员会"，李登辉任主任委员，并于 1991 年通过《国家统一纲领》。

该纲领在前言明确指出："中国的统一，在谋求国家的富强与民族长远的发展，也是海内外中国人共同的愿望。"纲领还称："大陆与台湾均是中国的领土，促成国家的统一，应是中国人共同的责任。"纲领甚至提出了"近程、中程、

---

① 《李登辉说："我是不是我的我"，你到底是谁？》，远望网站，http://www.yuanwang.com.tw/detail? id=315，2020-07-31。

远程"的统一三个阶段。当然，也不难看出，"国统纲领"设置了"以拖拒统"的伏笔，比如，文中反复强调所谓"自由""民主"等，这其实是为两岸统一设定障碍条件，根据这些条件，意味着将来要达到台湾方面认定的西式政治制度，两岸统一才可行。

李登辉执政早期，两岸还达成了至今仍为两岸关系和平发展共同政治基础的"九二共识"。

这些年，读者会经常在涉两岸新闻中看到、听到"九二共识"。可能有不少读者会问：为什么"九二共识"对两岸关系这么重要？这里简单介绍一下。

蒋经国1987年11月宣布开放老兵回大陆探亲后，两岸人员往来逐渐热络起来，台湾企业陆续"登陆"发展。随着交流交往的增多，必然会出现一些需要解决的具体问题，比如两岸公证书的使用、婚姻证明等。于是，20世纪90年代初，台湾、大陆先后成立海峡交流基金会（台湾海基会）和海峡两岸关系协会（海协会），受权处理两岸有关事务并开展商谈。

当时，两岸已隔绝和敌对四十余年，要接触和商谈，无疑首先要确立一些基本原则。其中，最重要的原则，就是要明确两岸交往交流中产生和面临的一些具体问题是一个国家的内部事务，必须本着一个中国的原则来协商解决；两岸商谈不是"国与国"之间的商谈。没有这个前提和原则，两岸任何具体事务的商谈自然是开展不下去的。于是，两岸商谈的第一步就是要确立"一中"原则。

1992年，在两岸授权下，海协会和台湾海基会就这一问题进行协商。海协会和台湾海基会当年经过香港会谈及其后一系列函电往来，终于达成各自以口头方式表述"海峡两岸均坚持一个中国原则"的共识，后来被称为"九二共识"。其中，海协会的表述是："海峡两岸都坚持一个中国的原则，努力谋求国家的统一。但在海峡两岸事务性商谈中，不涉及一个中国的政治涵义。"台湾海基会的表述是："在海峡两岸共同努力谋求国家统一的过程中，双方虽均坚持一个中国的原则，但对于一个中国的涵义，认知各有不同。"

可以看出，双方表述的共同点是双方都坚持一个中国原则、追求国家统一，核心要义是"海峡两岸同属一个中国，共同努力谋求国家统一"。

需要指出的是，"九二共识"虽是各自以口头方式表述的共识，但形成过程和内容均有明确的文件记录和文字记载，是完整清晰的。两岸两会口头表述方案都记载在同一份书面文件上，两岸都可以查考。

一句话概括，"九二共识"之所以重要，就是因为它的核心意涵是大陆和台湾同属一个中国，两岸不是"国与国"关系，这就明确界定了两岸关系的根本性质。有了这一政治基础和前提，两岸两会才能坐下来协商。

因应两岸交流交往的不断热络，为对两岸交流做出规范，李登辉在1992年还签署了"台湾地区与大陆地区人民关系条例"。在这一条例中，大陆和台湾的定位是"一国两区，即一个国家的两个地区"。

经历了蒋经国时期的"三不"政策后，李登辉接任之初的一系列政策，从今天来看，"三观"太正了。再对照李登辉执政后期尤其是卸任后的种种"台独"言行，上述主张和政策简直判若云泥。但，这就是李登辉，他在台湾执政12年，前期和后期作为南辕北辙，也因此在岛内留下两极评价。

李登辉2000年卸任后，在多个场合对其执政早期制定"国统纲领"、与大陆达成"九二共识"、支持国家统一等政策和言行做出过辩解，称他的目的不是真想统一，是"为了安抚国民党内的保守势力""为了尽快与北京打交道"等等，说白了就是为了尽快在国民党内掌权而行的欺诈权术。

也许李登辉早期声称主张两岸统一确如他所说，只是他的权术和诈骗手段，但开放两岸交流是他根本阻挡不了的历史大势。

蒋经国晚年开放老兵赴大陆探亲后，两岸交流的大门已经开启。经济方面，从20世纪80年代中后期开始，由于岛内营商成本上涨、台湾市场狭小，产业向外寻求更大发展已成定势，早已宣布改革开放的大陆成为台商的首选之地。李登辉只能顺应两岸民众要求开放交流和经济往来的强烈愿望。

经过一系列斗争逐步掌握国民党大权后，李登辉也逐步露出"庐山真面目"，一步步推行"台独"分裂主义政策。

李登辉先是借"民主"的外衣，让两蒋时期流亡海外的"台独"分子和"台独"团体回台。很快，台"立法院"1992 年修"法"删除了"台独"言论叛乱罪，"台独"活动在岛内合法化，并迅速泛滥开来。

1994 年，他在接受日本作家访问时称自己所领导的国民党是"外来政权"，大谈"生为台湾人的悲哀"。1995 年，李登辉赴母校美国康奈尔大学演讲，宣扬"'中华民国'在台湾"，公然炮制"两个中国"分裂言论，背弃"九二共识"。1999 年，李登辉接受德国媒体访问时抛出"两国论"，称两岸是"国家与国家，至少是特殊的国与国的关系"，彻底露出"台独"底色，给两岸关系和台海稳定带来严重冲击。

李登辉是台湾当局"去中国化"始作俑者。他以"认识台湾"和教育改革为名，纠集一批"去中、脱中"意识形态强烈的学者对台湾中小学教材课纲进行"去中国化"修改，对台湾学生的国家和民族认同产生严重误导，使得"中国人"认同在台湾产生错乱。

他利用各种场合鼓吹所谓"台湾人意识"，强调"本土化"，挑动省籍和族群矛盾，社会对立日益严重。

李登辉在台上 12 年（1988 年—2000 年），国民党内部组织和权力结构发生很大变化，更多的台籍精英逐渐取代跟随蒋氏父子赴台的外省传统官僚进入权力核心。

为了尽快掌握大权、排挤国民党内传统势力，李登辉与地方派系产生各种利益纠葛，被社会诟病的"黑金政治"在这一时期逐渐猖獗。李登辉令国民党"本土化""台湾化"的操作，使得国民党内部持续分化直至分裂。

1993 年，国民党一批精英出走成立新党。1999 年，人气如日中天的"末代台湾省长"宋楚瑜因不满李登辉以"冻省"等手段不断打压，宣布脱党独立参加 2000 年"大选"。蓝营的分裂让陈水扁代表民进党在 2000 年成功当选。宋楚瑜在败选后迅速成立亲民党。国民党实力严重受挫。

国民党为李登辉提供了弄权的广阔舞台，但李登辉却一手裂解了国民党，并给国民党贴上了"外来政权"的"原罪"标签。由他开始的"黑金政治"也成为国民党长期难以摆脱的恶名。

国民党 2000 年"大选"败选后，李登辉被迫辞去党主席。2001 年，李登辉主导成立深绿政党"台联党"并为其站台助选，国民党终于将李登辉开除出党。

李登辉的"去中国化"操作和"两国论""台独"遗毒，对"九二共识"的否认歪曲，挑动省籍矛盾、撕裂社会等种种作为，其流毒对国民两党、对岛内政局、对台湾社会、对两岸关系产生太深太广的影响。李登辉掌权时期暗中扶持壮大的民进党，至今依然沿袭李登辉的"脱中"和"台独"路线。

岛内有论者以"枭雄"评论李登辉，甚至称他为"台湾四百年来第一狡诈之人"，对李登辉作为一个本省人，在蒋经国去世后能通过各种手段在以外省人为主的国民党高层站稳脚跟的类似宫斗权谋手段津津乐道。

这是对李登辉要弄权术能力的夸大，是绿营和"独派"势力对李登辉权斗能力的吹捧，也是对国民党传统势力的暗酸和讥讽。

客观看，蒋经国任内有计划地提携本省精英进入国民党内接班梯队，国民党内权力结构的逐渐改变，蒋经国晚年解除"戒严"，以及美国在蒋经国去世后对台当局局势的"关切"等，都为李登辉在蒋经国突然去世后的接班创造了有利条件。

如果说李登辉的手段真有多高明，又如何落到刚卸任就被当时仍为岛内第一大党的国民党逐出党门？又如何闹到受过他提携的政坛后辈与他反目？甚至一路受他暗中扶持的民进党在 2000 年"执政"后，也大骂他是"老番癫"。以他为精神领袖的"台联党"，在 2008 年"立法院"总席次改革后，迅速边缘和泡沫化。

终其政治人生，李登辉为自己绘就了一幅颠三倒四的欺骗者自画像。他为了权位，不断欺骗国民党、欺骗台湾社会，反复背叛自我。两岸关系方面，从早期推出"国统纲领"到后期抛出"两国论"；被国民党驱逐后他主导成立"台联党"成为"台独精神领袖"，晚年又多次公开宣称"我不是'台独教父'，从来没主张过台独"。他的种种反复和骗术，终被两岸人民唾弃。

李登辉卸任后多次公开称他是"蒋经国学校"毕业的学生，称蒋经国教会了他很多。但对比两人种种言行，蒋经国若泉下有知，听了这话会有何感想？

2020 年 7 月 30 日李登辉在台北"荣民总医院"病亡后，内部本就严重对立的台湾社会对李评价两极化，还有民众放鞭炮庆祝。台湾《联合报》社论直指："他留给台湾的是一个认同分歧而撕裂的社会。""廿多年来，台湾民主乱象四起，经济领先则大不如前，李登辉留下的'反中'框架恐难辞其咎。""他带给社会的撕裂和混乱，则是台湾难以承受的挫折。"①

从历史维度看，李登辉卸任后的虚无化走向，正是岛内"台独"势力无可奈何的宿命。最根本的原因，就是"台

---

① 社论：《李登辉的光彩与幽黯，台湾不可承受之转折》，台湾《联合报》，2020-08-01。

独"是一条走不通的路。不管是如李登辉般曾经拥有岛内最高政治挥洒舞台的政客，还是一小撮深绿铁杆"台独"分子，他们最终会面对"主张"与"现实"矛盾拷问却不知如何回答的窘境。没上台时，可将做不到"台独"归咎于在台上的掌权者和大陆的"打压"，但他们支持的民进党最终上台了，依然做不到"台独"。这种现实，就是"台独"势力的宿命。

李登辉在任时的副手连战 2000 年接任国民党主席后，国民党宣布进行"党务改造"，对党员进行重新登记。国民党在 2001 年召开的"全代会"上通过了连战反对"台独"、追求国家统一的主张。2005 年连战在北京与时任中共中央总书记胡锦涛实现了国共两党主要领导人 60 年来首次会谈。

作为在野党，国民党在连战（2000—2005 年）时期对李登辉后期的"台独"路线进行了纠偏，对民进党的"台独"行径发挥了有效制衡的作用。

但经过李登辉十几年处心积虑的"民主化""本土化"改造，国民党内部凝聚力下降、思想动摇。民进党 2000 年至 2008 年在岛内"执政"期间，不断操弄统"独"牌和省籍族群牌，给国民党贴上"外来政党"的标签，攻击国民党"亲中卖台"，带动岛内所谓"本土意识"高涨，国民党缺乏有效论述反击、疲于应付。

2004 年"大选"，陈水扁靠着选前之夜的"两颗子弹"

逆转险胜连战和宋楚瑜组合，让国民党内部要求强化"本土化"论述的声音高涨。一些政治人物为了选举等考量，开始与民进党比赛"爱台湾"，对于两岸统一的态度变得暧昧不清。

2005年，时任台北市市长马英九击败时任"立法院院长"王金平，当选国民党主席。2008年"大选"，在陈水扁涉贪引起岛内民意普遍反感的大气候下，从政以来一直维持高人气的马英九以打破纪录的总得票数和得票率代表国民党击败民进党候选人谢长廷，为国民党赢回岛内执政权。

马英九2008年5月上台后，动荡不安的两岸关系迎来重大转机。两岸双方重新回到两岸关系和平发展共同政治基础——"九二共识"。在这一基础上，当年6月，中断近十年之久的海协会、台湾海基会商谈得以恢复。

经过两岸共同努力，两岸关系从陈水扁时期的剧烈动荡步入和平发展阶段。2008年至2016年，海协会和台湾海基会举行11次会谈，签署了23项协议，开启了两岸大交流、大合作、大发展的局面。

和平发展带来的红利和便捷，两岸百姓感受最直接的就是两岸全面直接"三通"得以实现，两岸民众往来终于不用再经停第三地，海峡变通途。很多大陆民众在这8年间第一次甚至多次踏上宝岛，登阿里山、游日月潭。同时，大批台湾民众也跨海而来，切身感受大陆最新发展。

2015 年 11 月 7 日，中共中央总书记、国家主席习近平在新加坡与台湾方面领导人马英九举行历史性会晤。这是两岸领导人 1949 年以来的首次会晤，两岸关系发展达到新高度，其重要意义已载入史册。

8 年间，民进党和岛内其他"独派"势力的"台独"嚣张气焰受挫，支持和维护两岸和平发展成为台湾主流民意。这 8 年，被公认为 1949 年以来两岸关系最好的一段时期。

遗憾的是，在选举时获得空前民意基础的马英九，面对大陆和两岸同胞希望两岸就政治问题展开平等协商的倡议和呼声，背负外省人"原罪"的他裹足不前、选择回避，多次公开强调"不统、不独、不武"的"三不"政策。

一般认为，"不独"的论述与陈水扁不断冲撞"台独"红线的行为相比，确实有助于缓和两岸情势，但这种试图"维持现状"的主张使两岸关系错失了更大突破和向前发展的机会。对于李登辉和陈水扁"执政"20 年或暗或明支持、主张"台独"给台湾社会造成的恶劣影响，比如李扁二人推行的"去中国化"历史课纲等，马英九虽做了些微调整，但在绿营的强力杯葛下，他"为了社会和谐与谋求最大共识"①，未能大刀阔斧地进行拨乱反正。也因此，在他任内，"脱中"

①《民进党推行"去中国化" 马英九为任内未"拨乱反正"道歉》，台海网，http：//www.taihainet.com/news/twnews/twdnsz/2018-10-26/2196655.html，2018-10-26。

"去中"主张在台湾社会未能得到有效抑制。

这些都让对他抱有很高期待的台湾民众尤其是蓝营支持者不免失望。他的"三不"主张被学者批评"让整个台湾都丧失方向感"①。还有专家认为，在两岸和平发展走向两岸和平统一的历史进程中，马英九作为国民党主席、台湾地区领导人，虽然顺应潮流，走两岸和平发展的道路，但缺乏促进国家统一的使命感和大无畏的气魄，错失了不少机会。②甚至还有蓝营支持者和学者直斥"三不"主张就是"独台"。

应该讲，专家学者和蓝营支持者的此类评价，不是对马英九本人存有主观恶意，更多的是对两岸关系未能取得更大进展的一种惋惜。通俗一些说，类似"恨铁不成钢"。

马英九在发展两岸关系方面取得的成就，获得岛内民众和两岸舆论肯定。他卸任后依然对两岸关系保持高度关注。2018年11月，马英九基金会主办的"两岸关系何去何从"研讨会上，他提出了"不排斥统一，不推动'台独'，不使用武力"的主张，被岛内舆论称为"新三不"主张。这场研讨会，笔者在现场。有与会专家对笔者表示，马英九将过去主张的"不统"修正为"不排斥统一"，对两岸关系和平发展

---

①台政论家：《马英九对两岸关系缺乏承担 蹉跎台湾》，凤凰网，http：//news.ifeng.com/taiwan/4/200911/1103_354_1417944.shtml，2009-11-03。

②董拔萃：《点击台海——反"独"促统文集第五集（增订本）》，香港：香港人民出版社，2019，第42页。

有正面作用，应当予以肯定。

2019 年 11 月初，马英九在英国牛津辩论社发表演讲时称，台湾应对统一问题保持开放的选项。[①]

2020 年，对于蔡英文当局"联美抗陆"、给台海和平稳定带来严重冲击的种种做法，马英九重炮发声，警示蔡英文当局的做法将给台湾带来危险，呼吁蔡英文当局承认"九二共识"。[②]

这些卸任后的发言效力虽不及在任时的表态和推动作用，但在民进党 2016 年上台后推行各种"台独"分裂行径的背景下，马英九作为在岛内仍然拥有较大影响力的政治人物，他的这些积极言论在岛内引起反响，得到了希望两岸关系和平发展各界人士和舆论的肯定。

2014 年 11 月底，国民党在县市"九合一"选举中大败，马英九辞去国民党主席职务。随后，在 2015 年 1 月举行的党主席补选中，朱立伦作为唯一登记参选的候选人，高票当选。

朱立伦任内的两岸政策路线，基本延续了马英九时期的做法。他明确表示，希望在"九二共识"基础上，持续推动

---

①马英九：《吁台湾对统一保持开放选项》（牛津演讲），中评网，http：//hk. crntt. com/doc/1055/8/7/6/105587696. html? coluid＝93 ＆ kindid＝2910 ＆ docid＝105587696，2019-11-01。

②马英九：《蔡英文"联美抗陆"让台湾濒临险境》，新华网，http：//www. xinhuanet. com/tw/2020-08/22/c_1126401243. htm，2020-08-22。

两岸关系和平发展。

2016 年 1 月"大选",代表国民党参选的朱立伦败选,岛内再次政党轮替。朱立伦随即宣布辞去国民党主席职务。

国民党沦为在野党之后,洪秀柱 2016 年 3 月当选国民党主席。在一年多的主席任内,洪秀柱明确表示坚持"九二共识",反对"台独"。她还强调两岸的未来目标都是谋求国家统一、海峡两岸均属于整体中国的部分,也提出过两岸应展开政治对话等主张,但在党内却难以达成共识,甚至受到一些人的非议和嘲讽。2017 年 5 月,洪秀柱连任国民党主席失败,吴敦义当选。

吴敦义担任党主席期间,国民党的大陆政策和两岸路线基本延续马英九时期的主张。然而,在声称坚持"九二共识"时,2017 年后,国民党主席吴敦义等蓝营高层加上了定语,即"一中各表的九二共识",并多次在媒体面前强调。从前文所述"九二共识"的形成过程及内容看,这一说法显然突出了"九二共识"中"异"的部分,对国共两党之间的互信是不利的。

如前文所述,1992 年,海协会和台湾海基会达成各自以口头方式表述"海峡两岸均坚持一个中国原则"的共识,核心是坚持一个中国原则。对"海峡两岸都坚持一个中国的原则,努力谋求国家的统一",两会的基本态度也是一致的。两会的共识还包括,在海峡两岸事务性商谈中,不涉及"一个中国"的政治涵义。这体现了两岸中国人对老祖宗求同存异智慧的传承。突出异的部分，显然不是当初两会达成共识的初衷。

2020年1月，国民党在"大选"中失败。几天后，吴敦义宣布辞去国民党主席职务。

然而，在检讨败选原因时，国民党不深刻反思党内长期存在并为台湾民众所诟病的酱缸文化、内斗不断、人才断层、政策论述能力不足、脱离基层等原因，不少人却将两岸路线列为需要检讨的主要败因之一，党内掀起一股所谓检讨"九二共识"为主体的两岸路线的风潮。有人甚至主张国民党要抛弃"九二共识"。

当年1至3月份党主席补选过程中，两位候选人郝龙斌、江启臣也分别对"九二共识"等涉两岸关系议题发表政见，总体以"反思"为主。

国民党内有人认为，1992年太过久远，现在时空环境和当年已大有不同，很难再向一般民众尤其是年轻世代阐述"九二共识"这一"过时"的概念。有人则认为，"九二共识"虽然是"模糊性的创造"，但现在两岸间的模糊空间越来越小，这一共识很难再维持下去。还有人甚至主张要坚定走"本土化"路线，抛弃"中国国民党"名称中的中国二字，或者干脆改称"台湾国民党"。

这些似是而非的说法，无疑为国民党改革（每次败选，国民党都会高喊要改革）开错了药方。在台湾民众眼中，两岸政策主张，向来是国民党与民进党最大的不同之处。也因长期以来坚持"九二共识"、反对"台独"，国共两党才有了共同政治基础和互信，国民党在维护两岸和平发展方面较民进党更具优势，台湾大多数民众也认为国民党比民进党更有能力处理两岸关系。如果舍自己长处，抛弃写入国民党党纲的"九二共识"，"拿香跟拜"民进党，变成民进党的副产品，国民党的未来可想而知，在台湾社会边缘化、泡沫化可能会来得比国民党想得更快一些。

江启臣 2020 年 3 月当选国民党主席。这位国民党近百年来最年轻的党主席在 3 月 9 日就职典礼的致辞中对两岸关系着墨不多，在他讲话快结束时，以"最后，关于许多媒体关注的两岸政策"带出他的看法，他称："我们毕竟得先重新赢得台湾社会的信任，才能有意义地去谈如何拉近两岸共识。"[1] 在他的致辞中，虽然七次提及"国民党"，但通篇未出现"中国国民党"全称，也没有提及"九二共识"。[2]

江启臣接任党主席后，国民党中央的政策理念发生了不

---

[1]《新任主席江启臣就职 宣示承先启后、推动世代共融》，中国国民党全球资讯网，http：//www.kmt.org.tw/2020/03/blog-post_9.html，2020-03-09。

[2]《新任主席江启臣就职 宣示承先启后、推动世代共融》，中国国民党全球资讯网，http：//www.kmt.org.tw/2020/03/blog-post_9.html，2020-03-09。

少变化。从几件"小事"可看出端倪。

往年每逢清明节,国民党均会在台北遥祭中华民族人文始祖轩辕黄帝,或者派出代表赴陕西与海内外中华儿女共同参加公祭轩辕黄帝典礼。但2020年4月4日清明节,笔者在台北仅看到新党举行遥祭轩辕黄帝典礼,国民党没有任何公祭活动,连新闻稿都没有发布。2020年7月7日,也未见国民党中央举行任何纪念全民族抗战爆发83周年活动,同样也未发布新闻稿。

2020年6月19日,国民党召开改革委员会全体会议,就国民党改革方向进行建议总结。备受关注的两岸关系内容,改革委员会"两岸论述组"提出的"建议案"建议国民党用四大支柱来建构"和平稳定的台海新关系",即"坚持'中华民国'主权、保障自由民主人权、维护台湾安全优先、创造双赢共享繁荣"。国民党长期坚持的"九二共识"被排除在"四大支柱"之外,仅在建议案的开始部分,对"九二共识"的历史和功能进行了回顾。①

建议案内容一公布,当场就有国民党中常委痛斥为历来所见过的最差的两岸论述。有媒体不客气地指出国民党两岸论述已与绿营趋同,有"小绿"倾向。岛内两岸关系专家也

---

①《中国国民党改革委员会全体会议新闻稿及两岸论述组建议案》,中国国民党全球资讯网,http://www.kmt.org.tw/2020/06/blog-post_19.html,2020-06-19。

直指国民党舍弃"九二共识"是自我缴械。

岛内有论者不客气地指出，国民党改革委员会误认"九二共识"是"过去式"，提出一个为"九二共识""送终"的两岸论述，完全凸显了改革委员会缺乏"理念、信心"，并违背"传承、伦理"的精神，才会有舍本逐末、忘本式的主张。①

连战、吴伯雄、马英九基金会纷纷表态，强调"九二共识"价值不容抹杀；"九二共识"不仅不落伍，还可历久弥新，继续作出贡献。

面对党内外的隆隆炮声，国民党中央替自己缓颊，称"建议案"只是草案，两岸论述尚未定案，将在全台各地与基层党员、党代表进行倾听沟通，寻求共识，待9月"全代会"进行确认。

几个月的折冲后，2020年9月6日举行的国民党"全代会"通过的《中国国民党现阶段两岸政策报告》，终于出现了"九二共识"，并称"应用以延续两岸互动，并以此寻求互动方式与时俱进"。不过，这一报告在"九二共识"的前面加了个帽子："基于'中华民国宪法'的'九二共识'"。②

---

①南方朔：《中国国民党的"降书"》，台湾《中国时报》，2020-08-24。

②国民党新闻稿，中国国民党全球资讯网，http：//www.kmt.org.tw/2020/09/204_6.html，2020-09-06。

江启臣之后谈及"九二共识"时多次强调这一"帽子"。

前文已述，海协会和台湾海基会 1992 年香港会谈及其后一系列函电往来对"九二共识"内容的确认，不曾涉及"中华民国"，强调的是双方均坚持一个中国原则的共识。给"九二共识"加上"帽子"，不但与两岸两会达成"九二共识"的历史事实不符，也容易产生政治歧义。

从对"九二共识"核心意涵的坚守来看历届国民党中央对"九二共识"的继承和延续，客观讲，国民党 2020 年 9 月"全代会"提出的"九二共识"与其原有的面貌相距最远。

国民党中央党部如今依然高挂其先总理孙中山先生的画像。国民党党章依然载明"追求国家富强统一之目标"。但人们看到的事实是，退踞台湾七十余年后，追求统一已经基本退出国民党的主流话语体系。这个有着 100 多年历史的政党，视野越来越局限于所谓台湾"本土"和一时的选举得失。在大陆政策和两岸关系走向方面，越来越不敢大声讲出自己的主张，很多时候被民进党牵着鼻子走。

这是论述能力不足，还是自我放弃话语主导权？或者说是理念发生了变化？如果为了一时选票考量，一味往所谓的"本土化"方面靠，国民党能强过民进党吗？台湾老百姓说得简单明了：（"本土化"）如果有正牌货（民进党），干嘛还买冒牌货（国民党）？

2020年1月"大选"民进党连任后，"立法院"成为国民党发声的主战场。国民党的"立法委员"们在"立法院"却多次不再阻拦民进党"立委"的涉"独"提案。他们称，民进党现在是"立法院"多数党，民进党真要通过某项提案，国民党也挡不住。国民党不再当"台独"刹车皮，就是要让民众看清民进党其实并没有"台独"的胆量，只是骗取选票而已。当刹车皮角色，反而是配合民进党演出，让民进党占尽便宜。

不但不阻拦涉"独"提案，国民党"立法院"党团在2020年10月还主动提出要求蔡英文当局积极推动"推动台美恢复邦交"和"请求美国协助抵抗大陆"两项议案，在民进党党团未加阻拦下，两项议案无异议通过。这两项议案一出，社会舆论哗然，对国民党失望的人士更直指国民党已彻底沦为"小绿"甚至"台独"侧翼。

面对支持者的指责，国民党中央党部和一些蓝营人士撰文为国民党"立法院"党团缓颊，称此举"是为了戳破民进党不敢""让选民看清民进党真相"等说辞。

说来说去，国民党更多的还是从"选票"策略着想。应该讲，在岛内实行的西式政治体制下，国民党当然有"选赢"的现实需要，但作为一个政党，更重要的是要有自己的理念和中心思想，并全力坚持维护。从历史看，一味迎合所谓民意的政党和政治人物，终会被时代淘汰，坚持理念的政党和政治人物才能长存。政党本应是理念的结合体，而不只是选举机器。坚持并不断向民众宣导自己的主张，抓住机会实践理念，让民众看到这个政党能够为民众创造福祉、为台湾带来和平，才会创造民意、引领民意，令民意感动。若只会迎合一时民意（很多时候是对手制造的所谓民意），理念和主张飘忽不定，甚至向绿的方向滑落，最后只会落得两边不讨好，不但难以开拓新的支持者，原本的支持者阵营也会失望四散。

近年来，笔者在台湾各地时常听到蓝营支持者的无奈和叹息。他们对国民党依然抱有期待，但却感叹这个党让他们看不到明确方向。

总体而言，1949年以来，中国国民党虽然变化不小，但至今依然坚持反对"台独"，是台湾社会反"独"的关键力量。这值得珍视两岸关系和平发展的人们肯定。

几十年来，在争取选民认同时，国民党往往强调自身的执政能力和经验比民进党更强，这确实有一定的说服力。正是在国民党执政时期，台湾实现了经济起飞，相比民进党，国民党积累的执政经验更加丰富，高级知识分子、专业人才较多。懂经济、专业能力强，是国民党不同于民进党的特质之一。同时，国民党的传统精英阶层接受的是"温良恭俭让"的教育，因此，温和理性也是国民党给予台湾民众的主要印象，但这一特质也经常被其支持者批评为迂腐、软弱。

随着台湾社会和国民党自身的变化，蓝营支持者也在变化。

广义的蓝营支持者，目前在台湾主要是指认同反对"台独"、主张两岸关系和平发展、主张"拼经济"、温和理性的群体。依照光谱的不同，台湾舆论将蓝营分为深蓝、浅蓝。深蓝指旗帜鲜明反对"台独"、主张两岸同属一个中国的政党及其支持者。国民党则一向自诩为正蓝。

民进党：从"台独建国"到"借壳谋独"

与国民党相比，民进党的历史显得太短，但它的主张和形象在台湾社会却很鲜明。它成立以来，主张和遂行"台独"的方式根据自身利益（主要是选举利益）需要，视时机不断进行调整。但不管如何调整，"台独"至今仍是民进党死抱的神主牌。

民进党1986年9月在台北成立时，主要由反对国民党的"党外"人士集体组成。应该讲，台湾的党外运动兴起时，主要是反对国民党当局独裁统治，并无"台独"倾向。

民进党成立之初，民进党"独"性尚不明显，当年还与一些社会团体共同推动国民党当局开放老兵回大陆探亲。民进党1986年11月第一次党代会通过的党纲，基本沿袭了党外势力"住民自决"的主张，称"台湾的前途应由台湾全体住民，以自由、民主、普遍、公平而又平等的方式共同决定"。

所谓"住民自决"带有明显的分离主义倾向，也可算是民进党早期的"台独"主张，民进党后来的"台独"主张与它是一脉相承的。

民进党成立后很快被"台独"势力把持。经过几年的铺陈，1991年民进党第五次"全代会"通过的党纲明确提出"建立主权独立自主的台湾共和国"，这一党纲被各界称为"台独"党纲。民进党从此正式成为鲜明的"台独"政党。

基于选举需要和大陆始终对"台独"保持高压等原因，民进党"台独"旗帜有时高举、有时收敛。但几十年来，民进党从来没有放弃"台独"主张，只是形式上有"激进台独""渐进台独""法理台独"等不同说法和做法而已。

作为台湾舆论公认为"很会选举的政党"，为了推翻国民党执政权、争取和延续在岛内的执政地位，民进党党代会历次对党纲进行调整或是推出新的决议文、竞选纲领（根据民进党党章规定，决议文、竞选纲领被视为党纲的一部分），背后都有着争取最大选举利益的考量。

1999年，在备战即将到来的2000年"大选"时，为了打消中间选民的疑虑，力争在来年选举中获胜，民进党当年出台了"台湾前途决议文"，声称"经由民主进步党与全民多年共同艰辛奋斗……已使台湾事实上成为民主独立国家"，还称"台湾，固然依目前宪法称为中华民国，但与中华人民共和国互不隶属，任何有关独立现状的更动，都必须经由台湾全体住民以公民投票的方式决定"。

在岛内有"台独理论大师"之称的民进党前"立委"林浊水多次撰文介绍，1999 年，代表民进党参加 2000 年"大选"的候选人陈水扁认为民进党必须废了"台独"党纲，把民进党对"国号"的立场从"台湾共和国"改成"中华民国"，他才可能选得上。为此，他带领一些人马在党内积极运作，令民进党内"独派"很头疼。双方在党内一番攻防后，彼此妥协，最后以通过"台湾前途决议文"的方式取代废除"台独"党纲的方案。

陈水扁会提出这样的要求，当然不是他真的希望废除"台独"党纲，而是因为当时"台独"主张鲜明的民进党，得不到台湾社会主流民意支持。

可见，民进党通过"台湾前途决议文"是策略性服膺于其选举需要。企图以此告诉台湾民众：民进党即使上台，也不会追求"台独"，因为"台湾已经独立"；如果你们"公投"不同意，我们也无法搞"台独"；所以，请大家放心投票给民进党吧，我们上台"执政"，不会改"国号"，不会搞"台独"，也不会给台湾带来战争危险。

"台湾前途决议文"被一些学者认为是民进党从追求"独立建国"转向追求"事实台独"的一个标志，还有岛内专家认为民进党通过这一决议文事实上冻结了"独立建国"的"台独"党纲。但结合民进党后来的作为和陆续推出的决议文，只能说"台湾前途决议文"是一种借壳"中华民国"的"台独"主张，是基于该党选举利益而做出的包装。

2000年，由于蓝营分裂（连战、宋楚瑜两组人马参选），陈水扁渔翁得利赢得"大选"，民进党终于实现从在野到"执政"的目标。

得票率不足40%的陈水扁，面对民进党在"立法院"席位不过半的"朝小野大"局面，为了争取在野党和更广泛民意对其"执政"的支持，在其就职演说中提出了"四不一没有"的承诺：不会宣布"独立"、不会更改"国号"、不会推动"两国论入宪"、不会推动改变现状的"统'独'公投"，也没有废除"国统纲领"与"国统会"的问题。

但8年"执政"下来，陈水扁完全背弃了他的承诺，利用手中的权力进行各种"台独"分裂活动。从否认"九二共识"到修改课纲推行"去中国化"教育，从抛出"一边一国"分裂主张到提出"催生新宪法"，从终止"国统纲领"和"国统会"运作到推动"以台湾名义加入联合国的公投"，陈水扁和民进党肆意操弄岛内族群对立，升高两岸对立，谋求"法理台独"的行径，不但严重撕裂了台湾社会，也给两岸关系和台海和平带来严重冲击。

陈水扁在台湾各领域全面推行"去中国化"和"本土

化"运动,流毒至今。如果说李登辉让"台独"合法化使得"台独"迅速泛滥,那么陈水扁8年"执政"逐渐让"台独"和"反统"主张在岛内变得理直气壮。

初次取得岛内"执政"权的民进党,为了尽快扩大社会支持基础,同时削弱蓝营支持度,陈水扁那8年,在几乎年年都有的各种选举活动中,带领民进党通过各种选举造势和文宣包装,在刻意挑动"反中""抗中""护主权"的民粹狂飙中将或明或暗的各种"台独"主张异变为"爱台湾"。"爱台湾"成了民进党政治人物的口头禅,也成了民进党的专利。国民党和统一的主张则被攻击为"外来政权""亲中卖台"。与国民党"执政"时期相比,"独"的主张变得倍葭大声,在沉默的螺旋效应中,反"独"和统一的主张不再如国民党"执政"时期那样居于绝对主流。

陈水扁任内的"去中国化"改造,加速了台湾社会的"脱中"。在当局各级机关的公文文书中,以往的大陆被改成中国。历史教科书中,"台湾与中国"被分割开来,"日据时期"被改为"日治时期",清朝被改为与日据同样性质的"清治时期"。这一时期接受中小学教育成长起来的一代,大中国意识被削弱。在他们接受的教育中,"中国(清朝)与日本一样,都只是曾经统治台湾的一个历史阶段而已"。

积非成是。虽然国民党在陈水扁下台之后又执政了8年,但笔者在岛内看到,很多机构和人文景区的介绍中,

"日治""清治"等论述举目皆是，并没有被纠正过来。一些蓝营支持者叹道：改不过来的，太多了。

不过，种种折腾过后，陈水扁的种种"台独"图谋均以失败告终，倒是他说的那句"台独做不到就是做不到"，已成为民众调侃民进党和岛内"独派"政治人物的名言之一。甚至台湾坊间笑谈，"台独做不到就是做不到"这句话是陈水扁"执政"8年留给台湾最大的资产，因为他用直白的话语戳穿了民进党和其他"独派"势力的谎言，让整个社会对台湾走向有了更清醒的认识。

2008年"大选"前，民进党2007年9月又出台了所谓"正常国家决议文"，"独"性直逼1991年的"台独"党纲。这一决议文称，台湾要"积极追求正名、制宪、加入联合国、落实转型正义与建立台湾主体性，团结一致建立一个正常而伟大的民主国家"。

然而，这次决议文并没有让民进党获得选举私利。2008年的"大选"，民进党被民众抛弃。接下来在野的8年中，面对两岸和平发展展现出的澎湃势能，看到两岸民众交流热络的态势，民进党内虽然有人提出冻结"台独"党纲的主张以呼应台湾主流民意，但没有成为党内主流意见而被搁置。民进党仍然紧抱"台独"神主牌不松手，对两岸交流横加阻拦。民进党之所以不敢在废除"台独"党纲方面向前迈出一步，也是为了巩固支持者基本盘，以免"偷鸡不成蚀把米"。

2016 年"大选",民进党蔡英文击败国民党朱立伦当选,台湾再次政党轮替。

国民党时期,蔡英文曾为李登辉的重要幕僚,为李登辉起草过"两国论"。民进党上台后,2000 年至 2004 年,她担任陈水扁第一任内的台当局大陆事务主管部门负责人。陈水扁 2002 年 8 月抛出"一边一国"分裂言论时,蔡英文正担任陆委会主委。民进党 2008 年"大选"溃败后,在党内大咖纷纷不愿出头的情况下,当时只有 4 年民进党党龄的蔡英文在他人(舆论盛传是李登辉)的劝说下出来"承担",竞选并担任民进党主席。

从以上履历可以看出,蔡英文对两岸事务较为熟稔,她早年与民进党渊源不深,"两国论"是她的重要底色。

蔡英文的前一任陆委会主委苏起当年曾看过蔡英文起草的"两国论"摘要。苏起 2019 年 10 月在台北的一场研讨会上透露,2000 年陈水扁上台前夕,即将接替他出任陆委会主委的蔡英文到他的办公室,临走时跟他说:"从此'两国论'她只会做,不会说。"① 苏起认为,蔡英文(上台后)

---

① 苏起:《台海若开战 美国出兵可能性很低》,中评网,http://www.crntt.com/crn-webapp/touch/detail.jsp? docid=105561054,2019-10-05。

真的是一点一点在做，（展现）无比坚定的意志，更有谋略。①

蔡英文主导民进党和上台后大力推行"文化台独""教育台独""渐进台独"等各种"台独"动作以谋求"事实台独"的动作，更可验证苏起的上述论述和判断不假。总体而言，对于"台独"，她确实说得不如陈水扁多，但做得绝不比陈水扁少。

蔡英文 2008 年至 2012 年担任民进党主席期间，民进党对两岸交流极尽各种干扰阻挠。让各界震惊的是，2008 年 10 月，海协会副会长张铭清以厦门大学新闻传播学院院长身份赴台南参加学术交流活动时，被台南市民进党"独派"议员率人暴力攻击；当年 11 月，海协会会长陈云林访台期间，民进党组织人员对陈云林一行住地进行暴力围堵。这些丑陋之举，让台湾舆论为蔡英文冠上了"暴力小英"的绰号。

2012 年"大选"，蔡英文代表民进党挑战寻求连任的马英九。选前民调显示蔡英文有较大胜选机会，但结果失败。一般认为，两岸论述和处理两岸关系的能力是广大中间民众对她和民进党最不放心的一块，也是她登上岛内权力顶峰的

①苏起：《台海若开战　美国出兵可能性很低》，中评网，http：∥www.crntt.com/crn-webapp/touch/detail.jsp？docid＝105561054，2019-10-05。

"最后一里路"。为了化解台湾社会各界的疑虑，争取更多中间选民支持，蔡英文2012年"大选"败选后开始策略性调整大陆政策表述，逐渐将"维持现状"定为其对外宣称的大陆政策。

4年后，蔡英文代表民进党卷土重来。2015年底至2016年初的"大选"白热化阶段，笔者恰在岛内，见证了这段历史。

针对蔡英文的两岸关系"维持现状"论，国民党和舆论不断追问蔡英文的现状究竟是维持马英九因坚持"九二共识"而得来的两岸和平发展现状，还是回到陈水扁时期的不断挑衅冲撞导致两岸遍地烽火的现状。对此，蔡英文充分发挥她"说了很多但其实什么都没说"的模糊功力，一概以"遵守现行宪政体制""依循普遍民意，持续推动两岸关系的和平稳定发展"等制式语言应答，并不直接碰触两岸关系性质这一根本问题。

在当时社会氛围普遍不利国民党的情况下，蔡英文的"维持现状"论，确实让一些善良的老百姓信以为真。2015年底，笔者与媒体同仁前去高雄凤山采访民进党在南部举行的选前最后一场造势。我们乘坐的计程车司机坦承他会投给蔡英文，他也表明自己支持两岸和平，欢迎陆客来台湾观光，但他并不担心民进党上台会导致两岸关系变差、导致陆客可能减少。他说，蔡英文说了"维持两岸现状"，他觉得蔡英文应该可以做到。

2016 年 1 月 16 日"大选"结果，蔡英文大胜国民党候选人朱立伦。蔡英文当晚在民进党总部外对支持者发表"胜选感言"。谈到两岸关系时，蔡英文称："维持现状是我对台湾人民和国际社会的承诺，我一定说到做到。我也向大家保证，未来我处理两岸关系，会积极沟通不挑衅，也不会有意外。"2016 年 5 月 20 日，蔡英文在就职演说中称，"依据'中华民国宪法'、'两岸人民关系条例'及其他相关法律处理两岸事务"。[①]

这些包装起来的模糊性讲话被一些岛内专家认为具有诚意甚至释放了所谓善意，但其实，她对于两岸同属一中这一"九二共识"的核心意涵始终闪躲，坚决回避。

正式上台后，蔡英文口头上重复"不挑衅、不冒进"，但"只做不说"地坚决推行"脱中""去中"的"渐进式台独"。与陈水扁相比，蔡英文没有"朝小野大"的掣肘，仗持民进党在"立法院"的多数席位优势，她和民进党采用推土机碾压的方式，强行通过一切想通过的法案，在野党几乎

①《蔡英文 520 就职演说（全文）》，中评网，http：//www.crntt.com/doc/1042/3/9/0/104239067.html？coluid＝7＆kindid＝0＆docid＝104239067，2016-05-20。

发挥不了制衡作用。

政治上，蔡英文始终不承认"九二共识"，挟洋自重"倚美抗中"。经济方面，推行所谓"新南向"政策以减轻台湾经济对大陆市场的依赖。文化教育方面，民进党当局通过了"毒"性更强的历史新课纲，"将台湾历史与中国历史、与中华民族完全割裂开来"。两岸交流方面，以所谓反统战渗透的名义，限制阻挠两岸各界交流合作；民进党挟其在"立法院"的席位优势，通过立"法"、修"法"，以取消退休俸、延长赴大陆解禁期等多种手段对岛内政党、团体和人士赴大陆交流进行限制、恐吓甚至打压，并加重对所谓"共谍""中共同路人"的惩罚，在岛内形塑"绿色恐怖"，全面限缩两岸交流。在"绿色恐怖"氛围下，一些此前乐于接受大陆媒体采访的岛内人士，变得更加"谨慎"。

有台湾媒体人士指出，蔡英文在口头上的"台独"气味虽不如李登辉、陈水扁，但在"去中国化"的实际操作上却远逾李扁。①

这样逆民意而动的操弄，很快遭到民意唾弃。在2018年11月的台湾县市"九合一"选举中，民进党溃不成军。台湾地区22个县市中，民进党从握有13个县市"执政"权

---

① 黄年：《蔡英文会是第三个李登辉吗》，台湾《联合报》，2019-06-14。

掉到只剩 6 个。选举结果揭晓的当晚，蔡英文宣布辞去民进党主席职务以示负责。

然而，面对民意教训和失败，蔡英文及民进党并没有回头。

进入 2019 年，面对即将到来的 2020 年"大选"，在失去权力的惶恐中，蔡英文当局又拾起了每逢选举必操弄意识形态和统"独"牌的老路，也彻底抛弃了"维持现状"的遮羞布，高举所谓"抗中保台""守护台湾"牌，以摆脱 2018 年底"九合一"选举以来的颓势。

2019 年初，蔡英文和民进党为了选举利益，恶意扭曲大陆对台湾同胞的诚意和善意。蔡英文举行记者会称"我们始终未接受'九二共识'，根本原因就是北京当局订定的'九二共识'，就是一个中国、'一国两制'"[1]。蔡英文还称"台湾绝对不会接受'一国两制'"[2]。蔡英文和民进党还多次号召岛内所有党派一起来反对"一国两制"。

"九二共识"和"一国两制"是两个概念。以一个中国

---

①蔡英文：《绝不接受一国两制》，中评网，http：//www.crntt.com/doc/1052/9/7/5/105297594.html？coluid＝93 & kindid＝4030 & docid＝105297594 & mdate＝0102162732，2019－01－02。

②蔡英文：《绝不接受一国两制》，中评网，http：//www.crntt.com/doc/1052/9/7/5/105297594.html？coluid＝93 & kindid＝4030 & docid＝105297594 & mdate＝0102162732，2019－01－02。

原则为核心意涵的"九二共识"是现阶段两岸关系和平发展的政治基础，"一国两制"则是大陆提出的实现国家统一后的制度安排。蔡英文当局故意将"九二共识"与"一国两制"混为一谈，目的是为了利用现阶段台湾部分民众对统一还存有疑虑心理，故意误导台湾民众，煽动对抗、制造对立，为其否认"九二共识"找借口。

2019年6月香港"反修例"风波发生后，蔡英文当局和民进党更是见猎心喜，声援香港反对派和"港独"分子，在岛内营造"今日香港，明日台湾"的"芒果干（亡国感）"氛围，恐吓台湾民众，捞取选举私利。

2019年9月，民进党通过"社会同行世代共赢决议文"。决议文充斥着"台湾主权独立""国家安全"等"台独"用语，该决议文特别强调"我们明确拒绝中国政府提出的'一国两制'主张"。这一决议文再一次暴露出民进党对"台独"分裂立场的顽固坚持。

在选举过程中，民进党再次捡起廉价的意识形态牌，以"抗中保台"为口号不断操弄"反中""仇中"民粹。蔡英文在2019年"双十讲话"等场合还提出了"中华民国台湾"的新称号，声称此称号是台湾社会关于台湾政体定位的"最大公约数"。

民进党和蔡英文阵营的种种操作，与民进党过往类似操作的目的并无二致，就是希望通过拉高两岸对立以制造"恐中""仇中"的氛围，从而转移台湾社会对其"执政"绩效不彰导致岛内经济萧条、民生多艰的关注度，降低 2018 年底"九合一"选举中岛内弥漫的"讨厌民进党"气氛，最终获取选举利益。

在外部环境、台湾社会内部氛围以及国民两党各自内部整合程度不一、候选人特质等多种因素综合影响下，2020 年 1 月 11 日，民进党在台湾"大选"中再次取胜，蔡英文以近 817 万的总得票数获胜连任。1 月 14 日，蔡英文在接受英国广播公司（BBC）专访时称，"我们没有需要再次宣布自己为独立国家，因为我们已经是独立的国家了，我们称自己为中华民国台湾"①。这是蔡英文胜选后首次接受媒体专访，也是首次对国际媒体正式宣称台湾当局的"新称号"。在台湾内部，蔡英文早于 2019 年 10 月 10 日的"双十"谈话中，正式提出这一称号，她称，"'中华民国台湾'六个字，绝对不是蓝色，也不会是绿色，这就是整个社会最大的共识"。

从对内部宣讲，到对国际媒体宣示"中华民国台湾"这一"新称号"，无疑是民进党继续推进"台独"的进一步动作，也更具欺骗和隐匿性。它源自李登辉的"两国论"，继承了民进党"台湾前途决议文"的部分内容，在李登辉称

---

①BBC 专访全文 蔡英文：《没有需要再次宣布自己为"独立国家"》，https：//udn. com/news/story/6656/4296114，2020-01-18。

"中华民国在台湾"，陈水扁说"中华民国是台湾"基础上，更前进一步，将台当局"宪法"规定的称号"中华民国"和"台湾"并列，看似可进可退，也希望争取台湾社会更多认可，但实质是切香肠式"台独"动作的一步，包藏祸心。因此，蔡英文抛出这一讲法后，遭到两岸各界挞伐。

在 2020 年 5 月 20 日的连任就职演说和当年"双十"演说中，蔡英文涉两岸关系的内容大幅压缩，基本延续了她在当年 1 月 11 日胜选连任之夜记者会上所称与大陆互动坚持"和平、对等、民主、对话"的基调，以至于台湾一些论者认为蔡的调子明显"放软"。但其实不难发现，整篇讲话仍延续了对大陆的敌对意识和对抗思维，包括附和美国的"全球供应链重组"等。如果说真有放软，恐也只是对 2020 年不断暴冲的"倚美抗中"步伐稍稍压压步速，原因是民进党当局和美国都认识到，这样的暴冲只会加速给台海带来危险。

在上述两篇讲话中，"台湾""中华民国""中华民国台湾"交替使用。

拉长时间维度看，从李登辉、陈水扁到蔡英文，他们都处心积虑要将"台湾"同"中华民国"脱钩，为何呢？

当然是为了"台独"大梦。依据台当局所谓"宪法"，"中华民国"领土包括大陆和台澎金马地区。只要一天使用这个称号，就意味着台湾和大陆属于同一个国家。为了实现

"台独"，他们除了不时重弹"台湾地位未定论"旧调以外，就要尽可能避免、最好是废掉"中华民国"这个依其"宪法"规定的称号，以斩断台湾与中国的法理联系。但是，台当局若通过"修宪"或"制宪"而直接把"中华民国"的名称改成"台湾"，就构成"法理台独"，大陆对此绝无容忍可能，必将启动《反分裂国家法》维护国家主权统一和领土完整。"台独"势力对此心知肚明，是断不敢碰触这一红线的。

于是，如何处理"台湾和中华民国"的关系，就成为民进党和所有"台独"势力长期面对的难题。除了不断偷换"中华民国"的定义，在一般场合，则能不提就不提"中华民国"。

1995 年 6 月，李登辉在其母校美国康奈尔大学提出"中华民国在台湾"，这是 1949 年国民党退踞台湾后，台当局领导人第一次正式公开将"中华民国"与"台湾"联结，台湾的地位得以提升。陈水扁上台后，从 2003 年 9 月起，台当局在"中华民国护照"的封面上加注英文"TAIWAN"。2004 年"双十"演说，陈水扁首次提出"中华民国就是台湾，台湾就是中华民国"，公开以"台湾"定义"中华民国"。但在一般场合，民进党当局基本仅提台湾。

蔡英文 2016 年、2020 年两度赢得"大选"，民进党也两度在"立法院"获得超过半数席位，加上绿营侧翼席位，他们在"立法院"完全可以发起"修宪"或"制宪",以求将"国号"改为"台湾"。国民党也声称民进党完全"执政"就要完全负责,不愿再扮演刹车皮角色,不会阻拦民进党"修宪"更改"国号",但正如陈水扁2005年3月所承认的:做不到就是做不到!

于是,被民进党忽悠了几十年"独立建国"的深绿支持者发现,原来"正名制宪"只是黄粱一梦。怎么向这些铁杆支持者交代呢?除了不断在教育、文化等领域推行"去中国化",民进党也只能不断搬出"台湾前途决议文"的那一套来安慰自己和支持者:台湾不需要宣布"独立",因为台湾已经"独立","国号"叫"中华民国"。

这就是各界所说的"台独借壳上市"。民进党实现不了以"台湾"的名义"独立建国",这是不得不接受的现实。于是,民进党只能心不甘情不愿地拥抱反对了几十年并欲去之而后快的"中华民国"这四个字,用这块招牌逐渐实现"借壳台独"。

但作为一个仍然拥抱"台独"党纲的政党,这样的解释是不能让自己内心满意的。于是,扭扭捏捏在"台湾"和"中华民国"间切换了三年多时间后,蔡英文终于还是抛出了"中华民国台湾"。

这几年,在很多正式场合,民进党台面上的政治人物甚至跟国民党玩起了比赛爱"中华民国"。"台湾""中华民国""中华民国台湾"三个词在一次演讲中不断交替使用，对于"中华民国"这个在它看来代表"外来政权"甚至是"殖民政权"的名词，因为维持权力和执政利益的需要，民进党现在开始由恨生爱，至少不再恨它。甚至在2020年"双十"庆祝大会等场合，一些"独派"分子也挥舞起国民党早年确立的青天白日满地红的旗帜。看在一些台湾民众眼里，实在错乱讽刺。

有论者认为，这是民进党的缓兵之计和"切香肠"式"台独"的进一步危险动作，下一步很可能就直接去掉"中华民国"，只剩"台湾"。

对这种动作，两岸都应保持高度警惕。但笔者认为，民进党做不到。李登辉和陈水扁时期，两岸实力对比远不如今天悬殊，台湾某些方面的实力甚至还在大陆之上。当时办不到，现在和以后，大陆会容忍以台湾名义"建国"的"法理台独"吗？如果民进党敢以身试《反分裂国家法》，下场早已注定。

纵向看，不管是刚成立时的"住民自决"论，还是以"台独"党纲为代表的"独立建国"论；不管是谋求"制定新宪法"的"法理台独"，抑或"维持现状"的"实质台独"和"借壳台独"，我们可以看出，民进党在各个时期的政治诉求和手段虽有不同，但成立30多年来，民进党的"台独"分裂立场一以贯之，不管方式如何变化，目的就是追求"法理台独"和"去中国化"的"渐进台独"。

不过，虽然民进党不放弃"台独"党纲，也不断推行各种"台独"伎俩，但民进党和"台独"势力不得不接受现实：与陈水扁"执政"时相比，"台独做不到就是做不到"在现在和将来更加确凿无疑。

首先，近年来支持两岸和平发展已成为岛内主流民意，绝大部分台湾民众绝不赞同因"台独"给台湾带来灾难。和平年代，老百姓怎会愿意因为政客的"台独"主张而被战祸牵连？

其次，国际社会普遍坚定奉行一个中国原则，就算是岛内各派政治势力以为可以抱大腿的美国、日本，从自身利益出发，也并不公开支持"台独"。

最后，也是最重要的一点，中国人民有坚强的决心、坚定的意志、强大的能力捍卫国家主权和领土完整，绝无任何可能允许"台独"。对于这一点，民进党以及它视为可以依靠的外部势力，都有清醒认识。"台独"是中国决不允许碰触的红线。

绝大部分台湾民众已认清"台独"二字的欺骗性，不再相信政客玩弄"台独"的把戏，一些主张"急独"的深绿政党在过去几次选举中已经边缘化、泡沫化，此为明证。

出于选票考量，民进党台面上的政治人物基本已不再把追求"台独"放在嘴上，而是改用"借壳上市"，企图借

"中华民国"这块招牌，采用"去中国化"等手段割裂台湾与中国、与中华民族的联结，遂行"渐进台独"。

从蓝绿区分的角度分析，除统"独"主张外，作为1949年后台湾人在台湾发起成立的第一个有影响力政党，民进党长期抨击国民党为"外来权贵集团"、国民党当局为"外来政权"，指责国民党是"黑金政治"的始作俑者，并以代表台湾"本土"自居，宣扬"清廉、勤政、爱乡土"的口号以区别于国民党。经过多年的宣传，民进党成功地把"代表本土"这一概念强化给了台湾民众。

至于"清廉"，民进党高层现在依然把它挂在嘴边这么要求该党从政者，但早已沦为口号。民进党已经历陈水扁、蔡英文两度上台，在权力和利益前，以陈水扁为代表的民进党位居要津大员纷纷因贪污受贿等锒铛入狱。拿到权力后，民进党内各个派系争相安插自己人，对公家资源的争夺肆无忌惮，完全不顾社会观瞻，吃相比当年他们抨击的国民党更难看。当同党人员曝出贪腐丑闻时，民进党往往选择偏袒和护航，再也没有当年在野时追击国民党贪腐的锐气，偶尔只有几个早已远离民进党权力中心的"前大佬"出来发声"提醒"民进党"莫忘初衷"，连绿营支持者有时也看不下去。"清廉"这个民进党自贴的标签早已从民众心中滑落。民众常讥讽道，民进党政治人物口口声声"爱台湾"，其实是"爱台湾的钱"。

现在广义的绿营支持者，大致可定义为认同民进党立场和主张的群体，即不支持两岸统一，认同"民进党代表台湾"、国民党是"外来政党"等。依照光谱的不同，舆论也将绿营分为深绿、浅绿。深绿指"急独"政党及其支持者。"急独"政党现在台湾社会基本已无影响力。台湾媒体有时还以政党规模大小，称民进党为大绿，称一些小的绿营政党为小绿。

因为选举需要，国民两党经过多年的嬗变，已演变出一些共同的特质，比如都强调所谓"台湾优先""爱台湾"，强调关怀弱势阶层利益；在内部施政方面差别不大，每到选举就大开支票。

甚至长期以来的统"独"主张差异，蓝绿也不再壁垒分明。蓝营不再公开喊统，绿营不再公开喊"独"。只是绿营将蓝营抹成"统"，蓝营则讥笑绿营不敢"独"。

蓝营、绿营各拥传统支持者，也就是所谓的基本盘。这些基本盘成为国民两党竞选、推动政策的基本支持力量。两党虽然都希望能扩展中间选民的支持，但往往都是先稳固基本盘再试着向外拓展，以免落得"里外不是人"。

决定胜负的中间选民

在台湾的政治语境中，除了蓝营支持者、绿营支持者，还有所谓中间选民或中立选民。中间选民没有特定政党偏好，自主性强。与"不问是非、只看蓝绿"的死忠支持者相比，他们更看重政党某一段时期执政、问政的表现良窳，看重候选人的素质和综合能力，政党和候选人的政见也会影响他们的投票行为。

在关于台湾政治生态的传统分析中，专家、媒体、名嘴们常以蓝营、绿营基本盘来分析选举走向。比如，早年一般认为全台的蓝绿支持者比例为55%：45%，后来又认为这一比例为45%：35%，还有人认为这一比例目前已经倒过来，即绿营基本盘已经大于蓝营基本盘。但这些数字的背后有一个总体趋势，就是蓝绿基本盘在选民中的比例在降低，中间选民在慢慢增加。

近几年的岛内各式民调显示，自认无政党偏向或立场"中立"的选民比例已达40%左右。随着选举制度的成型和选民自主性不断提高，台湾的蓝绿基本盘依然存在，但占比已经缩小已是不争的事实。在蓝绿各拥基本支持盘的前提下，决定选举成败走向的，正是足以影响结果的中间选民。

笔者有这样的结论，主要观察依据，一是近些年来台湾选举钟摆周期加快，且摆动幅度变大；二是所谓的蓝绿"铁票区"含铁量明显下降。

台湾自从1996年实现领导人直选以来，维持着"大选"和县市长选举交替举行的格局，也就是四年一次的"大选"

中间有县市长选举。李登辉在1996年首次直选中胜选后并未在2000年谋求连任，马英九、陈水扁、蔡英文皆谋求连任且均连任成功。我们以2000年以来的历次选举结果来分析台湾选举的蓝绿钟摆效应。

可以发现，从2000年至2020年的选举钟摆规律是，赢得"大选"的政党，在接下来的县市长选举中获得县市长的席次会变少，执政党连任后第二任内的县市长选举中，执政党大败。

比如，陈水扁2000年险胜当选，2004年惊险连任后，在2005年台湾地区23个县市长选举中，民进党大败，仅获得6席，国民党则夺下14席。2008年"大选"获胜的马英九2012年连任成功，在2014年的县市长选举中，国民党在22个县市长席次中只保住6席，民进党则大胜获得13席。

但是这一钟摆规律在蔡英文任内被打破。蔡英文在2016年1月的"大选"中大胜，得票数比国民党候选人朱立伦多出308万票，得票率达56.1%。但没有等到2020年连任后的第二任期，在其第一任期内2018年11月的"九合一"县市长选举中，民进党大败，22个县市长席次中只保住6席，国民党则大胜获得15席。国民党在各县市总得票数比民进党多出121万票。

这样的结果显示，选举钟摆周期加快了，钟摆幅度也更加剧烈。从2016年1月到2018年11月，短短两年多时间里，民进党总得票数就从大胜 308 万票迅速过渡到大输 121 万票。国民党从 2014 年输到只剩下 6 席县市长，到 2018 年斩获 15 席，也只有短短四年时间而已。

如何解释呢？大量的选民在四年甚至两年多的时间里投票意向就发生了改变。基本可以推定，这些选民不属于传统政治版图分析体系中的所谓蓝营或绿营基本盘，应该是中间选民。

因为如果是基本盘，一般是不会轻易尤其是在短时间内改变投票意向的，即使其支持的政党表现不尽如人意，他们往往也会"含泪投票""含恨投票"。没有政党偏好的中间选民才会根据执政党上台后的表现来决定下一次选举的投票意向，不管这次选举来得快还是慢。

中间选民定胜负的另一个观察点，是在一些传统的所谓"蓝营铁票区""绿营铁票区"，铁票生锈了。

以笔者亲历的 2018 年"九合一"县市长选举为例。在高雄市（原高雄市和原高雄县 2010 年合并而成），民进党已"执政"二三十年（原高雄市"执政"20 年，原高雄县"执政"33 年），被舆论称为"绿到出汁""挖地三尺仍是绿"的深绿选区。笔者在选前赴高雄采访，有长期跟踪研究高雄选情的当地学者跟笔者分析称，2014 年县市长选举，民进党候选人大胜国民党候选人 54 万多票，这次国民党韩国瑜的气势虽然不错，但要想翻过来太难了。最后选举结果，韩国瑜大赢对手 15 万票成功当选。

再看台北市，这一长期被视为蓝大于绿的都会区，除了 1994 年因蓝营分裂而由民进党陈水扁坐收渔利当选市长外，一直到 2010 年，在选举中获胜的市长都是国民党籍。但 2014 年，无党籍的柯文哲在民进党不推候选人的帮助下击败国民党连胜文当选市长。2018 年，民进党不再"礼让"柯文哲而自推候选人的情况下，柯文哲依然成功险胜，国民党候选人得票率仅 40%。

中南部的云林县，也长期被视为绿大于蓝地区。北部的桃园市、新竹市和基隆市，则长期被认为是蓝大于绿地区。但在 2018 年的"九合一"选举中，上述县市却都出现了"蓝绿翻转"的情况。桃园市、新竹市和基隆市更是在 2014 年的县市长选举中就由民进党拿下后于 2018 年成功连任。

这种颠覆传统选战认知的结果，也揭橥蓝绿传统支持板块的萎缩和中间选民的成长，所谓"铁板一块"的选区越来越不稳定。在蓝绿基本盘支持度旗鼓相当的情况下，中间选民的游动，决定着县市长选举的胜负。

虽然 2018 年 11 月 24 日的"九合一"选举，国民党在 22 个县市的得票大胜民进党 119 万票，但 14 个月后的 2020 年 1 月"大选"，蔡英文却大赢韩国瑜近 265 万票。蔡英文在所有 22 个县市中的 16 个县市得票皆超过韩国瑜。也就是说，短短的 14 个月，又有 380 多万票在蓝绿之间发生了转移。中间选民再次显示出左右选举结果的关键力量，选举钟摆速度和幅度之大前所未见。

中间选民规模不断成长，大致与几个因素有关：

一是越来越多的民众厌倦了蓝绿两党的长期恶斗，他们不再轻易相信蓝绿两党的各种选举花招和漫天支票，不愿被政党成见所绑架，而是根据自己判断，自主决定投票意向。

二是年轻选民不断成长，他们没有政党包袱，在意的是候选人的政见和人格特质，甚至更喜欢那些与蓝绿两党传统政治人物不一样的非典型政治人物。与父辈相比，他们跟蓝绿两党没有各种历史纠葛，流动性更大，传统的地方派系和"桩脚"难以对他们进行有效动员和影响。

还有一个原因则是移动互联网时代的到来，为人们获取资讯、表达意见提供了更便利的条件和平台。传统媒体和政治精英垄断信息传播和话语权的时代不再，不同群体的人们都希望自己的声音和感受被重视，他们往往通过网络群组，通过各类社交平台交换意见、互相鼓舞士气，为自己喜欢的候选人拉票。蓝绿两党的传统政治动员效果明显不如以前。当然，移动互联网时代，选民尤其是年轻选民容易被"网军"带风向，这是一个新的动向，后面章节将进行论述。

第三势力：各领风骚三五年

蓝绿恶斗成为台湾政坛多年来挥之不去的戏码。国民两党"为反对而反对""只问立场，不问是非"的行为，造成政策难以有效推动、社会空耗停滞不前等恶果，民众对此极为厌倦。

这为打破蓝绿对立的第三势力的出现留下了空间。

所谓第三势力，顾名思义是指蓝绿两党以外的政党和政治势力。在中间选民日益决定岛内选举胜负的态势下，第三势力是否有崛起的可能？

过去二十几年来，在国民两党以外，岛内陆续出现过影响力较大的政党，如1993年由一些国民党内精英出走成立的新党，宋楚瑜2000年发起成立的亲民党，以及李登辉2001年策划成立的"台联党"，乘"反服贸学运"而起于2015年成立的"时代力量"等。这些政党甚至曾经取得"立法院"的较多"立委"席次，一度给台湾社会带来第三势力的话题和讨论，但无一例外在各领风骚几年后，就面临边缘化、泡沫化的困境和结局。

具体而言，1993年成立的新党在1995年选举中曾囊括21席"立委"，成为当时名副其实的第三大党，但自2008年起已没有"立委"席次。宋楚瑜的亲民党曾在"立法院"

拥有46席"立委",气势如虹,但2020年选举,在宋楚瑜再次披挂参加"大选"的情况下,"立委"席次却挂零。"台联党"也曾经拥有13席"立委",但随着李登辉影响力式微,2016年开始在"立法院"再无席次。2016年选举在"立法院"获得5席"立委"的第三大党"时代力量",影响力也迅速下降,党内要角纷纷退党或"跳船",2020年只获得3席"立委"。2020年8月,时任"时代力量"党主席徐永明因涉受贿被声押,引起各界哗然,党内再次出现退党潮。

台北市长柯文哲2019年主导成立的台湾民众党,虽然由于成立时间还不到"三五年",但岛内舆论大多认为,其命运恐也难逃上述政党轨迹。民众党在2020年选举中获得5席"立委",成为"立法院"仅次于民进党、国民党的第三大政党。但2020年8月在高雄市市长补选中,民众党推出的候选人即使被认为比国民两党的候选人更熟悉高雄市政,却仅获得4%的选票,被各界认为再一次证明第三势力的生存困境。

不但如此,近些年来,蓝绿两大阵营主导台湾政局版图的态势越发明显,基本固化。为何第三势力的话题虽不断涌现,但始终难以崛起为与蓝绿抗衡的力量?

最主要的原因,在于台湾特殊的社会矛盾以及选举制度。

因特殊的历史发展脉络，以及各政党特别是持分离主义立场的政党和政治势力为了政治利益刻意挑拨、制造民众对国家和民族的认同差异，民众因此形成对两岸关系发展方向、台湾前途走向的认同分歧，长期存在于台湾社会。

这种立场和认同歧异，平时并不激烈地表现出来，蓝绿阵营的支持者也大致相安无事。但选举尤其是"大选"一到，在各参选阵营和政治人物的推波助澜下，这种差异往往在短期内急遽地上升为竞选主轴，成为社会矛盾的主要分歧点。

这种认同差异的双方阵营代表就是民进党和国民党。

民进党一贯反对统一/支持"台独"，通过各种方式遂行"台独"政治目的。国民党现在虽已鲜少公开宣示追求统一，但由于历史等原因，已被绿营塑造成与民进党对立的一方，也就是代表反对"台独"/支持统一的阵营。国民党、民进党占据了社会认同矛盾的两方，其他政党很难占据有效空间。

一般而言，在以欧美为代表的西方政党政治中，处于竞争的两大阵营在竞选过程中往往聚焦在社会民生政策的左右或自由和保守之争。左翼往往强调社会福利和财富公平分配，右翼则更诉求企业和市场自由竞争。当然，近些年来，西方社会也出现了一些变化，比如选民对阶层、身份认同的差异，以及对贫富差距和全球化等问题的关注，使得民粹甚至仇恨成为一些政治人物竞选时的动员工具，对西方传统政党政治产生了影响，但总体而言，选举中双方的竞争仍旧主要围绕经济民生议题展开。除了各阵营的死忠支持者外，很多选民通过比较不同阵营的政策主张、候选人差异，来决定自己的支持对象。

台湾"大选"虽然自1996年以来也实行西方式的选举政治模式，但其实在选举过程中，国民两党在社会民生政策的主张方面差异很小甚至趋同。为了选票，两党都声称追求社会公平，捍卫人民利益，重视劳工和弱势权益。每到选举，为了讨好选民都大开选举支票，被舆论讥为"大撒币""债留子孙"。当选后，执政者施政往往出现与竞选过程中所做承诺不一致甚至完全相反的"发夹弯"政策，但除了落选的一方不忘攻击胜选者"跳票"以外，台湾民众似乎对此并不在意，往往把选举政见当作"选举语言"看，并不追究执政者落实选举政见。

因此，真正的社会政策左右之争在台湾选举中并不存在，至少竞争的双方表面上不敢公开主张。在西方社会，竞争的双方主要着眼于公共政策议题和外交路线的辩论，鲜少质疑对方对于角逐"大位"的忠诚度，比如在美国，候选人不会攻击对方对美国政权不忠、出卖美国国家利益。但是在台湾，每到选举，尤其是进入选情焦灼的激烈阶段，民进党必然打出统"独"意识形态牌，以"守护台湾""捍卫主权"等意识形态口号来强调自己"爱台湾",指责国民党"出卖台湾";国民党也跟着民进党的调子比赛"爱台湾""护主权",并以反对"台独"、"安定和平"等诉求反击民进党。

归根到底,这是台湾社会的特殊性质决定的。台湾虽然从1996年开始实行领导人直选,也形成了一整套西方式的政制发展模式。但实际情况,台湾从来就不是一个独立的政治实体,更不是一个国家;民众国族认同尚存分歧。这从根本上决定了台湾社会不可能像西方社会那样,主要政党靠内部施政和对外政策的取向差异来接受选民的检验。在两岸统一前,两岸关系走向才决定着台湾的未来,影响着台湾的方方面面。

所以,每到"大选",统"独"议题就会受到社会高度关注。竞选者尤其是民进党阵营高喊空洞的意识形态口号而不是真正端出政策"牛肉"接受选民检验,就成为廉价的必然选择。

在国民党、民进党占据这一社会矛盾的两端时,第三势力的回旋空间变得很小。事实上,台湾这些年来先后成立的主要小党,均与国民两党有着千丝万缕的关系,在国族认同和统"独"问题上,他们提出的主张并没有跳脱蓝绿阵营的传统藩篱,只不过在统"独"色谱上比国民两党颜色更深或浅一些而已。

比如，新党、亲民党都是从蓝营出走的，成立初期就鲜明地反对"台独"。李登辉策划成立的"台联党"是比民进党更激进的"急独"势力。"时代力量"则被称为"小绿"，被认为是"大绿"民进党的侧翼。台湾民众党虽号称追求"跳脱蓝绿"、代表"白色力量"，但党主席柯文哲因主张"两岸一家亲"，经常被绿营批评为"槟榔、叉烧包、红心芭乐"，攻击柯文哲"绿皮红心""白皮红心"。

再来，由于蓝绿阵营长期对立，导致社会撕裂严重，各阵营支持者（至少选举期间）也严重对立。各阵营支持者担心对方取胜可能导致台湾在统"独"的前途选项上很快发生重大变化，因此投票意愿远高于一些觉得可投可不投的中间选民。经过多次选举后，民众也看清楚状况，就是第三势力在台湾不可能赢得"大选"，如果投给第三势力，只会分散本阵营选票而给对方阵营机会，那样将会给自己带来四年甚至更长时间的痛苦。因此即使对自己支持的政党施政有再多不满，对本阵营推出的候选人也许并不中意，但到了"大选"大多还是会主动归队，选择"含泪投票""含恨投票"。这也能解释，陈水扁在 2008 年下台前夕因为家族贪腐导致个人声望和民进党支持度屡创新低，但 2008 年"大选"，面对气势如虹的马英九，民进党的谢长廷却依然能赢得四成选票。

笔者曾在台见证了 2016 年、2020 年两次"大选"以及

2018 年"九合一"选举过程。有一次临近选举时，台中的一位伴手礼业者告诉笔者：选县市议员，我不看政党，只看这个候选人会不会替选民服务。但"大选"，我还是会看政党投票，因为这两个政党不一样。

可见，在"大选"面前，候选人是否会为老百姓干实事，已经不是这位伴手礼业者的首要考虑因素，他看重的是两个政党的不同。

这种由相互冲突和排斥的意识形态因素构成的认同差异，把台湾社会基础分成了两大块，蓝绿两方各占一块后，第三势力要想在"大选"中击败蓝绿两党，难度太大。

第三势力不容易壮大，岛内的选举制度设计是另一个重要原因。现行选制下，第三势力取得"大选"胜利的希望太小，在"立法院"内取得能够制衡蓝绿两党的足够席位，同样不容易。

2008 年以前，台湾"立委"选举实行"复数选区单记不可让渡制"。从 2008 年第七届"立委"选举开始，选制改为"单一选区两票制"，"立委"席次由 225 席减半为 113 席，任期由 3 年改为 4 年。

简单讲，在"复数选区单记不可让渡制"选举制度下，全台分为若干个区域选区，每一个选区中可选出多个"区域立委"。也就是说，候选人不需要在该选区中取得过半的支持度即可当选。这样的选举制度下，候选人不需要思考如何满足多数人诉求或如何被多数人所接受，只要满足特定人群的喜好即可保证当选。因此，一些主张比较极端的候选人也往往能够当选"立委"。比如，如果某些区域有一定数量的深绿支持者，候选人往往就会提出"台独"分裂主张。如果该社区老年人比较多，他只要提出高福利的养老主张，也容易获得一定比例票数当选。

这种选举制度给了社会支持度有限的小党以生存空间。新党、亲民党、"台联党"的一些候选人当年得以成功进入"立法院"，发挥第三势力的作用。一些在特定区域有较大影响力的地方派系人马也能通过竞选进入"立法院"。

国民党和民进党 2005 年联手推动修"法"，确定自2008 年起开始施行"单一选区两票制"，这一改变让小党进入"立法院"的难度加大，要想获得更多席位更是难上加难。

在这一选制下，每个选区中只能产生一名"区域立委"。两票制，是指选民一票投给候选人，一票投给政党。

也就是说，候选人必须获得自己所在选区一半以上的投票才能成功当选。这显然对行政资源、政党资源和人才较为充沛的大党更有利（这也是国民两党为何联合推动选举制度改革的原因之一），选民也倾向把选票投给可能当选的候选人，这就造成小党候选人很难在两大党的夹杀中成功突围，除非大党礼让。比如，民进党面对一些传统蓝营选区，深知推出本党候选人很难当选，就礼让第三势力政党候选人，以达到不让国民党候选人当选之目的。

在 2005 年选制改革时，国民两党声称，为了照顾小党利益，留下了小党通过政党选票进入"立法院"的空间。政党选票即两票制中选民投给政党的那一票。各政党按照在选举中获得政党选票的比例，参加全台 34 席"不分区立委"的分配。但只有达到 5% 政党得票率的门槛，才能参加 34 席"不分区立委"的分配，这对小党来说绝非易事。小党纷纷参与"立委"选举，如果政党得票率达不到 5%，反而有利于蓝绿两大政党获得"不分区立委"的席次，因为剔除这些不足 5% 的政党得票后，参与分配的"分母"变小了。

台"立法院"委员席次现总共 113 席，除了少数民族 6 席，主要是各地选出的"区域立委"73 席，"不分区立委"仅 34 席。在现有选举制度下，第三势力想选"区域立委"太难，但仅靠政党得票率争得几席"不分区立委"，显然无法对国民两大党构成实质挑战。以 2020 年选举为例，柯文哲的台湾民众党得票率 11.22%，成为国民两党之后的第三大党，拿到 5 席"不分区立委"，但"区域立委"则全军覆没。

选举制度造成"立委"选举难以有第三势力空间，县市长选举就更是如此了。没有政党的长期经营和奥援，第三势力要想赢得县市首长选举难度更高。

这些年来，因厌恶蓝绿恶斗，台湾社会期待"第三势力"出现的声音和讨论一直都在。两大阵营以外的有影响力政治人物的崛起，比如柯文哲的出现及其主导成立的台湾民众党，更让第三势力的话题一度占据媒体版面。但是，由于特殊的社会矛盾和选举制度等因素的制约，第三势力在台湾的真正崛起比较艰难。如果不想再忍受蓝绿长期对立带来的种种恶果，台湾民众其实也有办法，但要达成共识，还需要时间。

"孤独"的统派

在本书的构思和写作过程中，如何书写这一节内容，笔者颇费脑筋。

笔者不想在如何定义台湾统派、台湾统派可以分为哪几类等问题上费太多周章，太过学究只会折磨读者，这不是本书的目的。本书所指的统派，就是当前在台湾社会提起统派一词，台湾舆论会比较一致指向的群体。

台湾媒体和民众依据岛内各政治势力对两岸关系走向之主张的不同，大体将台湾不同政治力量分为统派、蓝营、绿营、"独"派（也称深绿）。由此可以看出，统派在台湾社会有着鲜明的政治主张。笔者认为，这包含了台湾社会对统派的定义。

简言之，统派是指当前在台湾社会鲜明主张和支持两岸统一、坚决反对"台独"的政党、社团和人士的统称。

在当前台湾社会，主张"台独"者是极少数，反对"台独"者也很多，但毋庸讳言，既坚决反对"台独"，又旗帜鲜明主张和支持两岸统一的政党、社团和人士尚是少数。岛内不同民调也反映了这一情况。

正是这样，笔者才会称统派是孤独的。统派团体具体有多少数量，难以廓清，本书在此不一一列举。一些知名统派人士，大陆读者已比较熟悉。

统派的孤独，是多方面因素造成的，与过去几十年来岛内的政治环境和媒体生态变化有关。

两蒋时期，坚持一个中国是台湾的主流，"反攻大陆""光复大陆""三民主义统一中国"喊得震天价响，统一在岛内是主流价值。但两蒋去世后，李登辉和两次上台执政的民进党极力推行"去中国化"，以各种方式谋求"台独"，挑起族群对立，"台独"虽不是主流却可任意高喊，统一被打压后在一定程度成了"政治不正确"，在沉默的螺旋下，公开主张统一的声音日趋低调。同时，鲜明主张和支持统一的世代逐渐凋零，在"去中国化"教育下成长起来的年轻人对中华民族和中国的认识比他们的长辈明显模糊，这也是统派在岛内变得孤独的重要原因。而基于意识形态迥异和短期选票考量等原因，绿营和蓝营都和统派刻意保持距离，导致统派的活动难以产生应有的影响力。

在媒体方面，虽然绿营和绿媒将一些监督绿营"执政"的媒体抹红为"统媒"，但客观讲，目前岛内主流媒体中并无严格意义上的"统媒"。民进党以政治手段和经济利益或打压或收编岛内主流媒体，这些媒体几乎不报道统派活动。一些传统支持蓝营的媒体，也鲜少报道统派活动。统派的主张和声音难以登上主流媒体，声量不足。

在台湾社会，政党或团体若想发挥更大影响力，推出候选人参加各种选举并赢得选举，几乎是最重要的途径。选举是金钱的游戏，不管是各级民意代表，还是县市长、乡镇长等职务选举，都需要雄厚的资金和人脉等资源的挹注。长期以来，缺乏资源也是统派在岛内面临的一大窘境。绿营2016年再度上台后，通过所谓"反渗透法""国安五法"等规章，严查包括统派在内的反"台独"政治力量的金流，动辄以"依法严办"等形式恐吓，导致企业和个人捐给统派团体的政治献金和小额捐款数量更少，财务拮据。一些统派团体维持日常运转更加困难，遑论投入选举。

历次赴台驻点工作期间，笔者在新闻采访及朋友叙谊等场合，与统派人士多有接触和交流，感受到他们身上许多令人感动的特质。

他们时刻关注大陆的发展，对大陆在各领域取得的进步和成就，由衷感到欣慰和自豪。他们坚信大陆会发展得更好。

统派团体的负责人和骨干人士有的年事已高，其中有人在白色恐怖时期曾遭受迫害入监坐牢。有年长统派人士曾对笔者说，白色恐怖时期，支撑他们度过牢狱生活的就是对统一、对共产主义和社会主义制度的坚定信念，否则精神早就崩溃。他们当年坐牢时，大陆的经济发展、人民生活水平不如台湾，当局常以两岸的发展程度差异来"引导"他们"认清现实"、早日"自新"。因此，他们在内心无比希望大陆发展得更好更强大，这样就能支撑起他们的信仰，证明他们的信仰没有错。这些年来，他们见证了大陆发展日新月异，也更加坚信自己年轻时就确立的信仰是正确的。

每次听着他们类似的聊天和抒发，笔者更加理解这些统派人士的信念为何如此坚定，也更明白每次谈起大陆又取得新的成就时，他们的眼中为何会发出闪亮的光芒。他们根据亲眼所见大陆改革开放以来的发展历程，坚信大陆的各项发展战略和规划会一步一步地实现，民族复兴定会实现。这是他们对国家和民族的美好愿望，是他们心中无比坚定的信仰，因为年轻时就已埋下的理想的种子。

他们希望两岸早日统一。由于统派的声音难以通过媒体放大，因此，不深入台湾社会的人们可能难以相信，台湾会有这么一个群体对统一有如此强烈的愿望。

不管蓝营或绿营在台上，他们总希望两岸可以在统一的步骤上走得更快一些。近几年来，面对绿营在岛内形塑"反中"氛围，可以感受到他们的无力感和对统一的寄望，但他们对于两岸关系走向始终是乐观的，他们相信祖国大陆，认为两岸必将统一。

他们尽力做着自己该做的事。虽然资源匮乏，但他们依然通过举办研讨会、集会游行、主办刊物等方式尽力在台湾社会发出反对"台独"、支持统一的声音。他们为促进两岸交流鼓与呼，通过扎实的史料研究导正被绿营和"独派"扭曲的历史事件诠释，也为社会弱势伸张正义。

统派中的年轻人，和统派前辈一样关注大陆发展，积极投入两岸交流，在实践中淬炼自己对于国家统一的拥护。他们发挥更了解年轻人思维方式和媒体使用习惯等优势，通过社交媒体平台和短视频等方式客观介绍大陆真实发展成就，用事实澄清和批驳持特定立场者对大陆和两岸关系的抹黑与歪曲，在与网民互动中讲述被绿营及其侧翼媒体长期扭曲的大陆形象，启发年轻人思考。

统派暂时是孤独的，关心统派和两岸关系走向的人们常会忧虑地发问：台湾统派的路在何方？统派人士对统派如何在岛内发展壮大也不无忧心。

这些担忧都是出于对统派的关心，出于对爱国统一力量的关心，出于对台湾前途的关心。笔者认为，这个问题，不应仅着眼于统派自身，甚至不应局限于台湾社会，应该从两岸关系走向的历史大势看。

从根本上讲，决定两岸关系走向的关键因素是大陆的发展进步。大陆继续保持良好发展势头，必能进一步牢牢把握两岸关系发展的主导权和主动权，两岸统一是大势所趋。有台湾机构所做民调也显示，对于台湾未来走向的预期，大部分台湾民众认为是"被统一"（本书后面章节将详述）。主动也好，被动也罢，祖国必然统一是两岸共同的认知。从这个意义上讲，统派并不孤独，他们的坚持符合时代大势，他们支持国家统一的主张和为之努力的行动是两岸全体中国人的主旋律。

路在何方？路在脚下。这条路光明且宽阔。

政治人物口头禅

台湾的政治人物特别是那些投入选举的人，在拜票造势、接受媒体采访、政策辩论等各种场合说起话来口若悬河，套路很多。套路中常常会蹦出一些口头禅，这些口头禅成为政治人物争选票、表立场、推诿卸责的重要说辞，很多时候就是"正确的废话"。通过这些口头禅，也能窥见台湾政坛和社会发展的一些思潮脉络。

爱台湾

"我爱台湾""爱台湾"是岛内政治人物时常挂在嘴边的高频词汇，经政治人物和媒体放大传播，甚至非政治从业者和普通民众也信口拈来。从源头看，"爱台湾"的出现，应是民进党成立投入选举以后的事。

民进党1986年9月成立后，极力凸显自己的"本土"特性。蒋经国在1987年7月宣布"解严"后，民进党迅速投入选举，更加张扬自身"台湾人的政党"特色，以区隔于国民党这一"外来政权"。1993年台湾县市长选举，民进党打出"清廉、勤政、爱乡土"的文宣口号，以对抗国民党。很快，比"爱乡土"更加口语化也更便于喊口号的"爱台湾"成为民进党政治人物的选举标语。

李登辉1988年初继任后，初期为了排挤国民党内的外省精英、巩固其个人党内权势地位，与民进党里应外合互相唱和，相互比赛"爱台湾"。当在党内地位稳固后，李登辉"台独"本性渐露，"爱台湾"成为他唤起和强化所谓"台湾本土意识"的工具性口号。作为李登辉的衣钵传承，民进党也深谙此道，继续强化"爱台湾"口号。

心理学上有一个"道德谬误"的概念，大意为只要对某种政治正确或道德正确表态，表态者就会自认为自己是正确的。

在民进党和李登辉的推波助澜下，岛内不分颜色的政治人物在选举时都开始高喊"爱台湾"，以彰显爱台湾这块土地和人民的政治正确，生怕不喊就会遭对手攻击。

虽然不同阵营的政治人物都争先恐后喊"爱台湾"，但这些年来，自视"本土政党"和台湾利益代言人的民进党，把"爱台湾"视为禁脔，每逢选举必高举"爱台湾"意识形态大旗，以影射和攻击对手"卖台湾"。在选情焦灼或落后时，无政绩牌可打的民进党更是声嘶力竭打"爱台湾""守护台湾"等空洞的意识形态牌，恐吓民众若由蓝营执政，台湾就会被出卖，因为蓝营不爱台湾。

也就是说，经过二三十年的"去中国化"教育和形象建构，在蓝营论述无力的情况下，民进党逐渐垄断"爱台湾"的话语权。在绿营的逻辑中，票投蓝营就不是"爱台湾"，支持绿营才是"爱台湾"；民进党是"真爱台湾"，国民党是"卖台集团"。

民进党中央党部依然高挂"清廉、勤政、爱乡土"口号，但口号所标榜的理念早已掉漆。台湾大多数民众也看清了"爱台湾"口号和政客们实际行为的落差才是常态。笔者有次在台北搭乘计程车时，车内广播正在播放民进党政治人物选举造势的新闻，其中就有"爱台湾"。司机听后冷笑说："爱台湾？是爱台湾的钱啦！"

从历史和现实看，"爱台湾"的出现，反映的是特定时空下民进党和岛内分离势力"脱中"的意识形态。在岛内选举竞逐中，它被政党和政治人物不断强化，成为夹杂政党和个人选举私欲的工具性口号。

在逐渐流行于社会各个层面后，"爱台湾"甚至成为一种迫使他人表态的道德绑架，因此遭到有识之士的质疑和反对。也是因为过于浮滥，"爱台湾"在社会舆论场有了戏谑意义，朋友之间时常拿它来开玩笑和反讽。

作为一般社会大众，用"爱台湾"来表达自己对乡土的热情之情，当然是妥当的，他人无权置喙。

但作为政治人物，除了喊口号，更应该思考：什么才是真正的"爱台湾"？至少应该努力让人民生活幸福，而不是视人民福祉为草芥，凡事以政党和个人选举私利为依规。就台湾而言，如何才能最大限度地为民众谋幸福？确保两岸关系和平发展最重要。

也许有人会问：台湾应该没有哪个政党和正常的政治人物不希望两岸和平吧？谁会希望宝岛生灵涂炭呢？没有错，但仅是嘴巴上高喊希望两岸和平，明里暗里干的却是挑动"反中仇中"民粹、破坏两岸和平的事，拆毁"九二共识"等两岸业已建立的共同政治基础和交流荣景，反复操弄"去中国化"、限制阻挠打压两岸交流，甚至充当外部势力反华马前卒，凡此种种，能带来两岸和平吗？

不能维护两岸和平，不能为民众带来幸福，"爱台湾"也就是个喊喊而已的口头禅。

都是大陆的错

"都是大陆的错"，不是台湾政治人物口头禅的原话，是笔者的概括，它的用语包括"大陆打压""大陆统战"等（民进党政客会把大陆说成"中国、中共"）。

这种甩锅大陆的习性，尤其常见于绿营政客。

不管在朝或在野，"逢中必反"是绿营政客的不变戏码。对于大陆推出的涉台政策措施，绿营的第一时间反应永远不出"统战手段""名为惠台，实则惠中""充满陷阱"等条件反射式评论。对于大陆出于正常贸易规则，要求台湾加强对出口大陆商品的质量管理时，绿营政客则换成"政治打压""打压台湾农民利益"等说辞。也就是说，不管大陆做什么，绿营第一时间几乎都是千篇一律的负面解读。

这种"凡事推给中共/大陆"的思维和行为模式已成为绿营（包括民进党及其侧翼网军、绿媒和"独派"等）抹黑大陆、攻击岛内政治对手、推诿卸责的"法宝"，哪怕与大陆毫无关联的岛内事务，也常被绿营硬拗成这样。

比如，民进党当局 2020 年 8 月底无预警宣布开放使用莱克多巴胺（即瘦肉精）的美国猪肉自 2021 年 1 月 1 日进口台湾后，引发岛内民意海啸。面对越来越多的民众联署反对"莱猪"进口，民进党当局不思沟通，一些绿营政治人物和网军竟然在网络带风向将反对"莱猪"进口团体抹红为"中共同路人""境外敌对势力的在地协力者"，用意识形态的大帽子打压用科学数据反对"莱猪"进口的团体。

对于支持进口大陆新冠疫苗的民众，对于发起罢免绿营民意代表的团体，都被绿营攻击为"中共同路人"。总之，在绿营的操作中，与民进党不同调，不支持民进党政策的人，就是"中共同路人""境外敌对势力的在地协力者"。这种"凡事推给中共/大陆"的话术对绿营而言，实在太好用，不用政策沟通、不用反省自身，反正"都是大陆的错"，是"中共同路人""在地协力者"的问题。

这一甩锅大陆、嫁祸大陆的言行模式，反映的是绿营根深蒂固的"仇中"意识形态。在一次次甩锅中，他们将大陆塑造成对台湾不怀好意的恶劣形象，挑动民众"厌中""反中"情绪。

多次赴台驻点，笔者深有一感触，两岸存在"关注不对称"的问题。

绿营虽然极力"反中"，但他们却高度关注大陆，整个台湾社会也是如此。台湾主流媒体每天都有大陆的新闻。对于大陆出台的政策，在大陆民众看来再正常不过，这些政策要么是为了促进某个产业和行业的发展，要么是为了提高民生福祉，要么是为了解决某个领域中不利于发展的问题，但台湾媒体却能从中硬掰出与台湾的关联性，认为其中某些政策是针对台湾的。在媒体的质疑和询问中，台官方出来解释或附和，竟然能成为岛内一时新闻热点。每当看到这些报道，真是让人捧腹。

在大陆，社会大众和媒体关注的领域更广，着眼的视野更宽，除了一些对台湾有兴趣者，更多人对台湾内部发生的事并不十分关注。

笔者认为，这种两岸社会"关注不对称"问题，除了与两岸体量和视野有关，也反映出两岸民众的心态。

大陆已是世界第二大经济体，日益走近世界舞台中心，全社会更关注的是与大陆发展密切相关的全球范围的大动态，加上对台湾始终怀有血浓于水的亲情和"大事小以仁"的包容，因此并不十分在意台湾岛内的一些波动和小动态。

作为一个岛屿的台湾则不同。无论从历史还是现实的任何层面，大陆都是与台湾关系最密切的存在，这种联系不是持分离立场者想隔断就能阻绝的。因此，台湾社会必然更加关注大陆。只是因为意识形态原因，绿营将大陆视为"假想敌"的角度来放大检视大陆，从而更好甩锅和嫁祸，于是"都是大陆的错"也就成为他们的口头禅。

了解了绿营政客的习性，大陆读者对绿营政客的口号性放话就不必太认真了。有时不妨用"请开始你的表演"的心态来端详他们的甩锅，其实也是不错的。如果两岸同胞都看穿了他们的把戏，戏就很难演得下去。

民意

在台湾政治人物的口头禅中，"民意"二字可能比"爱台湾"和"都是大陆的错"的出现频率还要高一些。

台湾内部出现纷纷扰扰时，他们会说"尊重民意"；涉及两岸关系言辞交锋，他们必称"须尊重台湾2300万（民众）民意"。

奉民意为圭臬，尊重民意、为民谋福，是民众对政治人物的期望，也应是政治人物的行为准则。政治人物言必称"尊重民意"，舆论是乐见的。然而，就像"爱台湾"一样，政党和政治人物是否真的尊重民意才是关键。

台湾政坛各阵营不时就某个议题动员联署发动"公投"，以展现"集中民意"。2018年11月24日，台湾地区选务机关史无前例地一口气将10项"公投"案与"九合一"选举合并进行。结果，民进党反对的7项"公投"案全数通过，与民进党政策主张相一致的3项都没通过，这不啻台湾民意狠狠地打脸民进党，对其诸多政策说不。

但是，民进党当局是如何看待这些总共耗资逾十亿元新台币的 10 项"公投"案所展现出来的"集中民意"呢？

遗憾的是，在民进党当局的解释中，这些"公投"案因为"没有强制性"而未能改变民进党的既定政策取向，仅成为虚耗民众纳税钱的"民意参考"。

以其中涉及台湾能源政策的"以核养绿"案为例。

民间团体提出这项"公投"案的背景是，长期奉"废除核电"为神主牌的民进党 2016 年上台后提出了"2025 非核家园"的政策，即到 2025 年台湾不再使用核电，岛内的核电厂不再运转，将大力发展绿能。

这一政策受到岛内各界持续质疑和反对，一是台湾电力不足，贸然废除核电将导致缺电危机和电价上涨，影响经济发展和民生；二是废除核电后，势必增加燃煤发电，空气污染增加；三是为了填补核电而大规模开发其他再生能源，将破坏生态环境。因此，各界不断建言"以核养绿"，但民进党当局置若罔闻。在历经 2017 年 8 月 15 日大停电及 2018 年 4 月调涨电价后，民间团体在 2018 年 11 月发起名为"以核养绿"的"公投"案。

这项"公投"案的内容为问民众是否同意废除"电业法"中"核能发电设备应于 2025 年以前全部停止运转"的条文，结果，近 60% 民众选择同意，"公投"案过关。

但就在投票结果出炉的当晚，台当局"行政院"竟回应称："2025 非核家园目标不变。"

"能源局"则回应称，这次"公投"效力不大、意义也有限，没有具体影响，因为"公投"的命题"没有强制性"，辩称"公投"只是拿掉"核电一定要在 2025 年以前停止运转"的法令限制，但是并没有规定一定要用核电。

这样的说法令台各界大跌眼镜，却也无可奈何。"公投"过后，"2025 非核家园目标不变"依然是民进党当局各级官员的制式宣示。

这是真正的尊重民意吗？

更受各界訾议的是，各阵营在朝在野面对同样的民意，却选择完全相反的做法，"双标"对待民意却还振振有词。

以前文提到的民进党当局突袭式宣布扩大开放含瘦肉精美国猪肉和 30 月龄以上美国牛肉进口为例。这一议题事关食品安全、消费者健康及养猪户等群体利益，在台湾社会具高度敏感性，民众反对声浪强大。

马英九时期，民进党曾发动民众上街强力反对国民党拟有条件开放美猪、美牛进口，高喊"反对罔顾民意""誓死保卫猪农"等，民进党籍"立委"还霸占"立法院"议场阻止开会审议相关议题。

但 2020 年 8 月底，在未与民间团体和社会各界做任何沟通、也未经"立法院"审议的情况下，蔡英文举行记者会径行宣布扩大开放含瘦肉精美国猪肉和 30 月龄以上美国牛肉进口，引发强烈反对声浪。

舆论痛批民进党"换了位置就换脑袋"、罔顾消费者权益。对此，民进党当局以"时空背景不同"简单回应。

这是真正的尊重民意吗？

民众心里自有一杆秤。所谓民意如流水，这些年来，台湾政坛钟摆效应越来越快，反映了民意对政党和政治人物的即时评判。

关于民意，近年来随着移动互联网的普及，台湾出现有资源的政党豢养网军以制造和操弄"民意"等新问题，还有政党和政治人物强调应尊重台湾民意却忽视大陆民意的普遍现象。这些内容将在本书的后面章节中陆续详述。

除了上述三句口头禅外，因应岛内外情势变化，台湾政党和政治人物不时阶段性调整发展和选举等策略，从而产生一些新的口头禅。比如，"台湾价值"由蔡英文2018年初提出后曾被绿营广为宣导，但因民进党自己也说不清所谓"台湾价值"的准确含义，且民进党内经常曝出不符所谓"台湾价值"的丑闻和闹剧，这一口头禅后来逐渐沦为台湾网民相互挪揄的网络用语。

第二章

辉煌与沮丧

台湾没有印象中好？

2008 年两岸"三通"开放以来，许多大陆民众第一次踏上宝岛参访观光。听一些朋友谈起对台湾的第一印象时，有的人会委婉地说："没有印象中的好。"更详细一些的，会说："市容老旧""基础设施落后""不能手机支付"等等。

之前没有去过，怎么会觉得没有印象中的好？人们的回答往往是 20 世纪八九十年代看的港台影视剧中，"感觉台湾很发达"，但去台湾看了以后，却发现并不如此。

作为在台湾来去匆匆的游客，有这样的初步印象，不能说不对。一些台湾民众和台湾媒体也不讳言：与大陆这些年来的发展进步相比，台湾的发展明显落后了。也因为过去一段时期以来蹉跎岁月，时光在台湾好似停滞了一样，许多 50

岁以上的台湾民众对 20 世纪台湾经济社会快速发展的美好岁月无比怀念。曾经"亚洲四小龙"（韩国、中国台湾、中国香港、新加坡）之首的桂冠，见证了台湾的辉煌。

钱淹脚目的"经济奇迹"年代

钱淹脚目为闽南语，脚目即脚踝，大意指地上到处是钱，且钱多到没过脚踝。这句话经常被用来形容 20 世纪 80 年代前后台湾经济起飞时，人们财富大增的状态。

笔者 2014 年春在台东县一个离岛曾与一对经营民宿的夫妇交流。他们一家搬去台东之前在台北工作和生活多年，后来带着两个儿子来到台东离岛营生。女主人怀念地说，20 世纪 80 年代时，他们成天有做不完的工。孩子交给公公婆婆带，夫妻两人每天都上班，很忙碌，但收入很高，生活很充实。整个社会都是向上的感觉，充满希望。不像现在，老百姓很辛苦，年轻人养活自己更是不容易。政治人物吵来吵去，却不为拼经济想办法，也不管老百姓想要的是什么。

这位民宿女主人的说法，与台湾过去几十年来的经济社会发展脉络若合符节。他们那一代人经历了台湾经济辉煌的时代。

20 世纪 50 年代初至 80 年代，台湾经济高速发展，被外界誉为台湾"经济奇迹"。几个数字可见一斑。1952 年至

1991 年的 40 年，台湾地区年均经济增长率高达 9%。1961
年至 1980 年的 20 年间，台湾地区出口增加 123 倍，不仅从
贸易逆差转为顺差，在 1985 年，台湾地区更成为出口总量
排名世界第 11 位的经济体，跃居"亚洲四小龙"之首，当
年大陆出口总量排名世界第 16 名。[①] 1989 年，台湾地区的
外汇储备达 760 亿美元，仅次于日本。到了 1992 年，台湾
地区的外汇储备高达 865 亿美元，高居世界第一。[②] 一个面
积 3.6 万平方公里的海岛，创造出这样的经济成就，确实称
得上"奇迹"。

台湾的"经济奇迹"是怎样产生的?

这需要简要了解台湾 1949 以来的经济发展简史，其中
一些重大改革和经济政策对台湾经济乃至全方位发展产生了
重要影响。

一、经济重建时期（1949—1952 年）和土地改革

二战末期，因日本殖民者在投降前滥发货币、抢购粮食
以及遭受盟军军机轰炸等原因，台湾地区重要工农建设及交

---

①叶万安：《台湾究竟创造哪些经济奇迹?》，台北《台湾经济论
衡》2010 年 8 月第 8 卷第 8 期。
②魏萼：《中国式资本主义——台湾迈向市场经济之路》，台北：
三民书局，1993，第 8 页。

通设施遭严重破坏，物价飞涨。1945年日本投降、台湾光复后的最初几年，岛内重建进程缓慢。

1949年，国民党退踞台湾，带来近百万人口，岛内形势一时更加混乱。大量人口失业，外汇短缺，物价波动剧烈，经济濒于崩溃。

为了尽快稳住局势，国民党当局采取了系列经济重建举措，包括农村土地改革、币制改革、税制改革及实施外汇管制等，为稳定物价、增加农业生产等奠定了基础。

此外，1950年6月朝鲜战争爆发后，美国为了防堵中国人民解放军渡海解放台湾，不但派出海军第七舰队侵入台湾海峡，并决定对台实行经济援助。美援1951年开始到达，加速了台湾的经济重建工作。至1952年底，台湾经济基本恢复到二战结束前的最高水平。物价涨幅也逐渐减缓，为经济进一步发展打下较好基础。

这段时期尤其值得一提的是土地改革，对台湾农业和工业发展都产生了深远影响。

吸取了在大陆失败的教训，国民党当局退踞台湾后，立即着手土地改革，并建立起一整套配套机制。

土地改革主要包括"三七五减租""公地放领"以及"耕者有其田"等三方面内容。

一般认为，其中"三七五减租"最关键。改革前，台湾佃农缴纳给地主的佃租高达收成的50%。实施"三七五减租"后，地主收取的地租最高限定为田地全年总收成的37.5%。同时，虽然名义上佃农从地主租地的租约为不得低于六年一期，但改革后的政策规定，租约到期后，除非地主收回耕地自耕，否则只要佃户愿意续约，地主就不能解约。这个规定等于让台湾佃农实质上取得了土地的无限期租约，地主对于名下的土地失去了实际支配权，只剩下收租权。

更重要的是，土地改革后农民交给地主37.5%的佃租，并不是每年根据当年的土地收成进行核算，而是固定以1947年、1948年土地收成的平均值为计算依据。也就是说，改革后，佃农第一年至少拿到产量的62.5%，第二年、第三年及以后每年通过提高耕作技术使收成增产了，农民交的佃租不变，增产的部分全部为佃农所得。这使得农民生产积极性大为提高，农业发展很快，农民生活改善也快。

"三七五减租"改革在1949年完成后，国民党当局开始实施"公地放领"和"耕者有其田"的改革。

1951年6月，国民党当局公布"台湾省放领公有耕地扶植自耕农办法"，实施"公地放领"，将持有的公有耕地（主要为从日本殖民者手中收回的"公地"）优先由承租"公地"的现耕农承领购买，承领人在规定期限内缴清地价后，就可以取得土地所有权。地价按1947年、1948年土地平均收获量的2.5倍计算，分十年还清，也就是每年偿还土地收获量的25%，比37.5%的地租还便宜，农民因此积极购买。

当局推行"公地放领"的目的，在于扶植自耕农。一些日据时期没有得到开发的丘陵和山区的公有土地，也被官方拿来供农民承领，客观上促进了台湾农业的发展和人口的扩散迁移。

紧接"公地放领"之后，1952年底，国民党当局通过"耕者有其田条例"，1953年初正式实施。根据条例，地主可保留水田3甲（1甲约等于14.55亩）或旱田6甲，其余由官方补偿征收后按"公地放领"的办法交给佃农承租或购买。

当局给地主的征收补偿，70%为官方发行的实物土地债券，30%为四大公营企业（台湾水泥、台湾纸业、台湾工矿、台湾农林）的股票。

补偿，尤其是股票补偿这个事当时影响不大，但对台湾社会产生了较为深远的影响。

当时，经过土地改革后，一些中小地主家庭经济状况不佳，他们对甫来台湾的国民党当局不信任，对股票这种新生事物也普遍不了解，对公营企业经营绩效更是没有信心，于是就纷纷出售官方补偿的公营企业股票。台湾几大家族则趁机以低价大量买入这些股票。后来随着台湾经济快速发展，这几家企业的股票大幅升值，几大家族晋身为实力雄厚的工业资本家。

还有一些家财雄厚的大地主家庭，虽然土地被征收大部，但因为被补偿了大量四大公营企业的股票，后来也摇身一变为财团。

那些土地被征收、未等到股票升值即卖出的日据时期中小地主家庭，虽然比大多数台湾老百姓仍然更有经济实力，但失去土地还是让他们对国民党恨之入骨。后来尤其是20世纪80年代末期国民党宣布"解严"后，这些中小地主家庭长期通过捐款等多种形式支持民进党，目前民进党的一些政治人物也是成长于这样的家庭。

一些日据时期与日本殖民当局合作密切的地主和"皇民"，在土地改革中利益不免受损，也因此对土地改革心怀不满，对国民党当局怀恨在心。这些地主和"皇民"的后代，有的如今是民进党等政党和"台独"势力的头面人物。他们怀念和颂扬日据时期的殖民统治，把国民党当局视为"殖民者"，长期以推翻国民党在岛内的统治为目标，即使在岛内多次政党轮替后，依然不承认甚至完全否定台湾光复后国民党治理带给台湾的进步，也因此，他们的"台独"主张和运动更像是为日据时期的殖民统治和家族利益受损而复仇的行动。

"这世上，没有无缘无故的爱，也没有无缘无故的恨。"一些"独派"人物唱高调声称"台独"是他们的理想，听听就好了。

回到土地改革。为了支持农业发展，国民党当局出台了系列配套政策。比如，为保证粮食产量稳定、确保农地农用和农田总量稳定，当局严格实施水田旱田分类制度，规定水田必须种稻，不许转种经济作物。农地只能转卖给具有农民身份的个人，不能转让给非农民或企业。农民不能在自己土地上随意兴建农舍（相当于宅基地），对在农地上建住宅的面积有严格比例限制。

1949 年至 1953 年的土地改革，在台湾影响深远。它大幅减轻了地主对佃农的剥削，很大程度实现了"耕者有其田"，农业产量迅速提高，粮食基本实现自给自足，农业成为台湾工业化初期的重要经济支柱，为"以农养工"发展准备了良好条件。

同时，土地改革壮大了自耕农群体，减小了广大农民与地主群体之间的贫富差距。获得土地的农民尤其是中南部地区的农民感激国民党当局的政策，成为国民党政权的坚定支持者，对于台湾政局和社会稳定发挥了重要作用。

没错，如今政治版图上一片"绿油油"的台湾中南部地区，在国民党退踞台湾后的相当长一段时间，是国民党的铁票区，是拥护国民党的。这与土地改革有很大关系。台湾中南部平原面积较大，在日据时期，地主占据了绝大部分农田，广大农民日出而作、日落而息为地主和殖民当局劳作。国民党当局的土地改革，让中南部广大农民终于拥有了自己的土地，因此对国民党感激不尽，自然成为国民党的铁杆支持者。

获得股票等补偿的地主群体，虽然失去了土地资本，但却拥有了产业资本，成为下一阶段台湾中小企业和私营经济发展的先声。

不过，到了 20 世纪 90 年代李登辉掌权时期，土地改革时形成的一整套政策和配套机制开始松动。随着国民党权力结构的"本土化"，当局经济政策越来越倾向财阀与旧地主阶层，"炒农地"的问题逐渐在各县市冒出来。民进党为了自身政治利益，刻意挑起并激化族群矛盾，将当年的土地改革妖魔化为"中国人抢台湾人土地"，挑拨仇恨以捞取政治私利。

陈水扁 2000 年上台后，为了稳住民进党"执政"地位，当局政策加速向本土优势利益集团倾斜。2006 年，民进党当局以"第二次土地改革"的名义将在岛内实施长达 50 多年的"三七五减租条例"进行大动作修整。当局还陆续修改其他涉土地管理规定，导致"农地农用、农地农有"的政策逐步崩解。在农地兴建农舍的面积逐渐放宽，"农地变更用途"手法层出不穷，房地产开发商在城市近郊搞起"圈地运动"，进一步侵蚀农地。对于农地面积不断缩小将引发台湾粮食自给危机的问题，这些年来偶然也成为舆论话题，但并未有效阻止岛内农地商品化的进程。这是后话了。

二、进口替代时期（1953—1960 年）和四年计划

经济逐步恢复后，台当局开始有计划地进行经济建设。

有意思的是，台湾虽然号称实行资本主义制度，但在经济的起步阶段，却由官方强力主导实行了带有计划经济色彩的"四年经济建设计划"。

1953年至1960年，台湾实施了"一四"和"二四"计划，发展思路为"以农业培养工业，以工业发展农业"。

经过土地改革，台湾农业生产效率迅速提高，但工业基础依然非常薄弱，工业原材料缺乏，外汇短缺导致进口能力有限。当时台湾甚至造不出一辆自行车。唯一比较有利的因素是劳动力丰沛。为了扶持岛内自身工业发展，减少外汇开支，台当局决定大力发展进口替代工业。

基本做法包括：农业方面，努力稳定、提升农业产量，以农副产品加工品出口赚取外汇，支持工业发展所需要的原料及机器设备进口。在工业方面，优先发展凡是可以增加出口或减少进口的工业，充分利用台湾自产原料及进口原料，发展进口替代工业。

为发展进口替代工业，当局采取强力干预及保护措施，包括关税保护、进口管制、复式汇率与外汇管制，以及设厂限制等多种举措，限制进口，鼓励出口，以实现对进口工业的替代，促进本土工业快速发展。发展的进口替代工业包括纺织、面粉、食用油、食品罐头、玻璃、造纸、橡胶制品、机械、金属制品及电器等。

值得一提的是，美援对这一时期的台湾经济发展起到较大作用。美国援助的生产原料、生活必需品及机械设备的进口，使得台湾工农生产迅速增加，物价逐渐稳定。另一方面，出售美援物资所得的款项，弥补了台当局财源，使得台当局对经济的宏观调控能力明显增强，得以通过投资等多种手段进一步刺激经济发展。

经过两个四年计划的发展，台湾出口不断增长，贸易逆差压力下降。经济结构快速转变，农业产值下降，工业产值明显上升。到了20世纪50年代末期，食品工业产值下降，纺织业、水泥、化学品以及肥料的产值增加。1958年起，工业品出口稳定成长。台湾经济起飞具备了良好基础。

其实，时至今日，台湾仍然有"四年计划"，对经济成长目标和产业方向等做出宏观规划。只是如今的"四年计划"，对台湾经济社会发展的引导功能早已不如往昔，社会关注度也不高。比如，2020年7月，台当局"发展委员会"通过新一期"四年发展计划"（2021年至2024年），除了几家财经媒体做了简短报道，在社会几乎没有引起讨论。这反映出台当局对于主导经济社会发展的想法和能力之间出现较大落差。多次"四年计划"的目标"跳票"后，民众对计划中提出的新潮经济术语和经济目标数据早已无感。

三、出口导向时期（1961—1986 年）和"台湾经济
　　奇迹"

这一时期是 70 多年来台湾经济发展最快的时期，同时
基本实现物价稳定和充分就业，是台湾现今 50 岁以上世代
普遍怀念的"黄金时代"。

1961 年至 1970 年，台湾年均经济增长率达 9.6%；
1971 年至 1980 年，年均经济增长率达 9.7%；1981 年至
1988 年，年均经济增长率达 7.9%。[①] 台湾在这一阶段一跃
成为"亚洲四小龙"之一。

台湾在这一时期能实现经济腾飞的最主要原因，是与
"亚洲四小龙"其他成员一样，充分利用西方发达经济体向
发展中国家和地区转移劳动密集型产业的机会，大力吸引外
来资金和技术，利用本地区人口红利等优势，重点发展劳动
密集型的加工产业，实行出口导向型发展战略，从而在短时
间内实现经济起飞。

这种经济发展战略除了契合当时全球产业转移动向，也
是台湾自身经济发展不得不选择的转型。

在台湾内部，经过近十年的"进口替代"发展，台湾进

---

①叶万安：《为什么台湾经济由盛到衰？70 年来经济自由化发展经
验》，台北：远见天下文化出版股份有限公司，2019，第 72 页。

口替代工业有了长足发展，但到了 20 世纪 50 年代后期，已累积一些弊端和亟需突破的瓶颈。主要包括进口替代策略虽然减少了消费品的进口，但生产替代工业品所需要的原材料进口却也大幅增加；作为主要出口货物的农副产品，受到农地扩张的限制而增长缓慢，因此，台湾进出口贸易仍然存在较大贸易逆差。此外，台湾市场容量过小，经过十年发展，进口替代工业的市场已趋饱和，工业成长减缓，也就难以创造大量岗位来解决就业问题。

因此，台当局决定抓住当时欧美往外转移劳动密集型产业的机会，实行出口导向政策，发展出口工业。当局这一时期出台了一系列促进出口的政策举措，产生重大影响的包括以下几项。

通过外汇贸易改革让新台币大幅贬值，鼓励出口。改革前，1 美元兑换新台币 24.78 元，并实行复杂的复式汇率；1961 年改为单一汇率，新台币迅猛贬值，1 美元兑换 40 元新台币，一直维持到 1973 年。

颁布"奖励投资条例"，鼓励投资和外贸。这一条例于 1960 年 9 月颁布实施，并随着经济发展不断做出修正，总的方向是推行外销税费减免和工业区土地税收减免，为扩大出口创造便利条件。

在这一条例鼓励下，高雄加工出口区成立。1969 年，高雄楠梓出口加工区、台中出口加工区成立。加工区实行统一规划，为投资者提供完整硬件设施，并简化设厂审批、进出口报关、检验检疫等手续，为外资提供诸多便利。

这种"工业区加自贸区"的结合，吸引了众多外资前来设厂，极大提高了生产效率，进一步带动了台湾外贸的发展。

1964年，台湾经济增长率首度跃至两位数。工业产值再度大于农业产值。这一年，台湾进出口首度实现贸易顺差，进入20世纪70年代后持续出现贸易顺差。台湾进一步融入全球贸易分工体制，并开始以贸易带动经济增长。

出口大幅增长的同时，台湾进口能力也提高了。1987年，台湾进出口贸易总额高达885亿美元，在全球居第13位。①

这一时期，随着内部和外部环境的变化，台当局适时推出了一系列重大建设和改革措施，不但促进了当时经济发展，更为台湾经济社会长远发展奠定了基础。

这当中，包括至今仍为岛内百姓称赞有加的"十大建设"。

20世纪60年代后期至20世纪70年代，随着经济起飞，台湾的基础设施和能源供应等跟不上经济发展的问题逐渐突

---

①叶万安：《为什么台湾经济由盛到衰？70年来经济自由化发展经验》，台北：远见天下文化出版股份有限公司，2019，第69页。

出。伴随出口的快速增长，台湾外汇猛增，物价上涨压力大。外部环境方面，布雷顿森林体系崩溃导致全球物价上涨、国际石油危机爆发、西方发达经济体出现经济滞胀等因素导致台湾出口受阻，失业压力增大。外贸受挫，国民党当局将拉动经济增长的引擎投向投资，期望通过增加投资主要是基础设施建设以稳定经济增长，并解决制约经济发展的基础设施和能源建设瓶颈。

在这一背景下，蒋经国1972年接任"行政院长"后，推出了"十大建设"。

1974年至1979年完成的"十大建设"包括六项交通设施、三项重工业和一项能源项目建设，具体为南北高速公路、铁路电气化、北回铁路、台中港、苏澳港、桃园国际机场、核能电厂、钢铁厂、造船厂和石化工业等建设项目。

这些建设投资庞大，不但直接刺激台湾经济增长、创造就业，而且打通了岛内交通命脉，台湾重化工业体系更加完备，能源和重要工业原料自给率显著提高，对外依赖性降低。这些建设进一步奠定了台湾现代化基础，经济社会发展有了更深厚的支撑基础。

在进行"十大建设"的同时，国民党当局认识到，作为一个资源贫乏和市场狭小的岛屿型经济体，台湾发展劳动力密集型产业和重化工业不是长久之计，必须适时进行产业升级。

在蒋经国指示下，台湾财经和科研部门广邀境内外经济和产业界人士、专家学者商谈，寻找台湾产业升级突破口。经过反复比较台湾自身条件，结合当时全球科技革命兴起的趋势，20世纪70年代中期，国民党当局决定重点发展电子工业，成为台湾半导体产业发展的滥觞。这一决定，奠定了台积电等台湾半导体产业的起步和后来的壮大基础，成为台湾经济转型中不可多得的亮点。本书将在后续内容详述。

四、艰难的经济转型期（1987年至今）

经过20多年的快速发展，到了20世纪80年代中期，台湾经济社会发展面临新的内外环境，有的变化甚至在70年代就已经开始显现。

从20世纪70年代中后期开始，台湾外贸连续实现顺差，至20世纪80年代中期，已积累了庞大的外汇，居民储蓄率也不断升高。台湾要延续自20世纪50年代末开始的汇率管制和限制进口、鼓励出口的政策，难度越来越大。

顺差不断扩大，外汇不断增加，在外汇管制的政策下，台当局"央行"就得不断购买市场上的外汇，这样又导致货币供给量增加，市场上的钱不断增加，加上居民储蓄不断增高，给物价带来极大上涨压力。

限制进口、鼓励出口的政策，虽然在早期扶持了台湾工业的建立与发展，但近三十年过去，台湾工业已经具备较好的基础。如果继续保护岛内工业，一些没有竞争力的产业难以继续壮大，不利于台湾的产业升级，且导致岛内有效需求不足，对台湾消费者也不公平。

更麻烦的是，台湾面临来自美国的庞大压力。当时，美国是台湾最大的贸易顺差来源地，且顺差不断增大。1984年，美国占台湾出口比重高达 48.8%，台湾对美贸易顺差 98 亿美元，高于台湾当年赚取的总贸易顺差 85 亿美元。[①]当年，在美国最大贸易逆差来源地中，台湾地区名列第三，仅次于日本、加拿大。美国不断以报复条款要求台湾放开汇率管制让新台币升值、降低关税扩大进口。

美国的这些招数是不是有些眼熟？可见，为了自身利益，美国通过"贸易战"等手段打压对手是多年来其一贯作为。

此外，进入 20 世纪 80 年代，台湾社会内部面临的劳工短缺、环保意识抬头、街头运动等压力日增，企业经营成本上升，岛内投资经营环境明显不如从前，台湾企业开始外移寻求更好发展。这些内外因素都逼迫国民党当局必须思考新的发展思路。

面对内外经贸环境的变化，经过几年的反复讨论、折

---

①尹启铭：《两岸是台湾经济的不可或缺》，台湾《中国时报》，2020-05-13。

冲，当局在 1986 年正式提出"自由化、国际化、制度化"的经济转型政策。总的方向是尽量减少对市场的干预，让市场经济机制更好发挥功能，推动产业升级；让货物、资金、技术、人才等在台湾与外部更自由地流动；建立和完善更加公平、开放的市场规则和制度环境。总的目标是进一步完善台湾市场经济体制机制，进一步参与全球经济合作和竞争，促进产业升级。

在这一政策出台前后，当局出台了系列措施，包括降低关税和进口管制，大幅放宽汇率管制、实行利率自由化，推动投资自由化，等等。

在经济转型的初始阶段，台湾经济很快遭遇了"阵痛"。

在美国压力下，新台币持续升值，从 1985 年 1 美元兑新台币 39.9 元升至 1989 年兑 26.2 元，4 年之间新台币升值近 35%。① 此举导致台湾企业的出口竞争力严重受挫，特别是 1985 年，国际经济环境恶化，台湾出口骤降，经济成长几近腰斩。这些暂时困境也让台各界对是否要实行"自由化、国际化、制度化"改革，充满质疑和忧虑。

但 20 世纪 80 年代新自由主义在全球方兴未艾，经贸自由化、反对政府干预经济被美英等西方国家奉为圭臬，加上

---

① 尹启铭：《两岸是台湾经济的不可或缺》，台湾《中国时报》，2020-05-13。

美国施压，台当局还是坚持实行这一改革。在产业发展方面，这一时期，台湾继续推动产业升级，坚持发展20世纪70年代中期拟定的半导体等知识密集型和高科技产业。

李登辉1988年上台后，初期基本延续蒋经国时期的财经政策。但20世纪80年代后期至20世纪90年代初，全球产业分工调整出现更明显的新浪潮。过去二十几年"亚洲四小龙"以欧美为市场发展劳动密集型产业的生产地位，逐渐被后起的中国大陆和东南亚所取代，台企尤其是其中的劳动密集型企业纷纷出走，寻求更好发展。

到了1993年，台当局提出"振兴经济方案"的核心目标：建设台湾成为亚太营运中心。这一雄心勃勃的计划，希望将台湾建成亚太制造中心、亚太金融中心、亚太海运转运中心、亚太航空转运中心、亚太电信中心与亚太媒体中心。

当时，台当局一些官员和业界、学者并不讳言，建设亚太营运中心需以大陆为腹地。无疑，维持两岸关系和平发展自然是台湾实现这一战略经济目标的重中之重。

但很快，由于岛内政治人物意识形态挂帅，这一蓝图如流星划过天际，再与台湾无缘。

1996年3月，台当局领导人第一次"直选"，代表国民党参选的李登辉获胜。但就在当年9月，他抛出了"戒急用忍"政策主张，对于台企投资大陆的资金、技术与产业进行限制，不推动降低两岸经商营运成本（比如实现两岸直航），不开放大陆资本、人才与技术进入台湾。1999年，李登辉又抛出"两国论"，严重冲击两岸关系和台海和平。

实行如此封闭和挑衅性政策，只能导致"亚太营运中心"建设胎死腹中，台湾经济发展严重受阻。

自20世纪90年代中期起，台湾经济增速明显放缓，再难找着强劲发展动力，台湾"经济奇迹"结束，进入漫长的低成长期。台湾逐渐被"亚洲四小龙"中的其他"三小龙"追上和超越，更被大陆甩开越来越大的差距。

20世纪60年代至20世纪80年代的快速发展将台湾送进了发达经济体行列，民众人均收入迈入中高等收入经济体水平，台湾社会在这一时期积累了较丰厚的财富。台湾的发展经验也为大陆改革开放之初的探索提供了借鉴。

"奇迹"是如何产生的

台湾能在20世纪50年代至20世纪80年代创造经济奇迹，原因是多方面的。

一是国民党退踞台湾带去大量高素质人才和黄金白银等物质，为经济起飞积累了"人才红利"和物质基础。

事业的开拓终归是由人来完成的。台湾学界、媒体分析研究20世纪经济奇迹的各类论文和报刊文章，大多会提到尹仲容、李国鼎、孙运璿、俞国华等人擘画愿景、落实政策所做的贡献。这些代表人物多是 1949 年前后跟随国民党赴台的高素质人才和技术官僚。

这些台湾舆论所称的"外省人"给台湾经济发展带来的贡献，不仅仅局限于高层决策者和几位代表性高阶技术官僚，更重要的是，近百万赴台的大陆人中，有大批企业家、专业人才和知识分子，他们给台湾发展经济和大面积推广教育带去丰厚的人力资本。

以教育为例。日据时期，台湾老百姓是备受日本殖民当局歧视的"二等公民"，受教育机会非常有限，中学和高等教育学校少、学生人数少，教职员工也不足。1949 年国民党退踞台湾后，大量赴台的知识分子迅速填补了台湾发展教育的师资荒。

中学教育方面，日据末期的 1944 年，全台湾共有初高中学校 45 所、学生 2.9 万人。1955 年时，学校增至 145 所、学生增至 14.6 万人（高中 30043 人、初中 115755 人）。1967 年时学校增至 451 所、学生增至 63.7 万人（高中 77458 人、初中 560047 人），与 1944 年相较，学校增加 10 倍，学生增加 22 倍。[1] 1968 年，台当局将六年义务教育延长为九年。中小学教育的急速扩增和九年义务教育的实施，为台湾 20

---

① 戚嘉林：《台湾史（增订四版）》，台北：戚嘉林出版，2017，第703 页。

世纪 60 年代至 20 世纪 80 年代的经济起飞提供了丰沛的人力资源。

大专高等教育也迎来飞速发展。台湾有不少大学的名字与大陆的高校相同，如台湾清华大学、台湾交通大学、台湾东吴大学等，这些学校都是国民党当局 1949 年退踞台湾后在台"复校"所建。国民党当局还新创和资助成立了一批新的大专院校，比如海洋大学、淡江大学、世新大学等。日据末期的 1944 年，台湾仅有大专学校 5 所，教员共 319 人（台湾人仅 14 人、日本人 305 人）、学生 2163 人（台湾人仅 453 人、日本人 1710 人）。1965 年，台湾的大专院校已增至 56 所，教员增至 5622 人，学生增至 85346 人。[①]

自大陆赴台的大学教授们在台重拾教鞭，在短期内为台湾培养了大批高级知识分子，成为台湾经济起飞和转型升级的重要助力。

除了人才资源，国民党 1949 年前后还从大陆运载大量黄金白银、机器设备等物资赴台。几百万两真金白银不但助国民党在短期内稳定了岛内飞涨的物价、安定了人心，也为以后的经济发展提供基础。其他如酿造啤酒和纺织用的先进机械装备，则为台湾工业的最初起步做出了巨大贡献。

---

①戚嘉林：《台湾史（增订四版）》，台北：戚嘉林出版，2017，第 700—701 页。

二是美国援助的直接挹注。

1950 年朝鲜战争爆发后，为保住台湾作为其远东地区的一个据点，美国决定对台湾进行援助。从 1951 年至 1965 年，美国从经济到军事，从低息贷款到直接投资等多方面对台湾进行援助。据统计，15 年间，美国对台湾的经济援助达 15 亿美元。在国民党刚刚退踞台湾惊魂未定之际，美援不仅帮助国民党当局迅速稳定了物价，有效填补了贸易逆差，也为台湾稳步开展重建和逐步复兴经济提供了稳定财源。

三是契合世界经济发展趋势及时调整实施适合台湾特点的经济政策，并展现高效率执行力。

前文关于 1949 年后台湾经济发展简史介绍可以看出，国民党退踞台湾后，最开始实施土地改革，20 世纪 50 年代发展进口替代工业，20 世纪 60 年代起实行出口导向政策，20 世纪 70 年代中后期开始推动产业升级发展电子科技产业，20 世纪 80 年代中后期开始推行经济"自由化、国际化、制度化"转型，这些不同阶段的政策，基本上契合二战后世界经济发展趋势，也符合岛内政治、经济、资源禀赋等实际情况，台当局还展现出较高效的政策执行和落实能力，因此极大地释放了生产力，增加了社会财富。

四是台湾百姓的勤劳和配合。

奇迹都是人创造的。台湾百姓有着中国人勤劳节俭、温和质朴的传统美德。在土地改革后，获得土地的台湾农民奋力劳作，丰产粮食为台湾发展农副产品出口以实行进口替代做出了重要贡献。在出口导向经济时期，在工业区的工厂和中小企业中，人们自觉加班加点赶工赶货，成就了台湾出口经济的辉煌。台湾人民的节俭为台湾带来了高储蓄，为台湾进一步增加投资和发展经济提供了资本支撑。20 世纪 80 年代中后期，一些台商勇敢走出去，在大陆和东南亚等地开创新天地，继续为台湾出口和台湾经济贡献财富。

为何"衰落"

从 20 世纪 90 年代中期开始，台湾经济告别了高速增长，"奇迹"不再，有论者甚至认为台湾经济走向"衰落"。如今在谈及台湾经济现状时，"失落的 20 年""停滞的 20 年"等描述经常见诸台湾媒体和学者文章。近些年来，台湾媒体、智库、学术机构等所做的各式民调中，台湾民众对岛内经济现状不满的比例通常超过六成，有时高达七成以上。

总体看，与前几十年相比，过去二十几年来，台湾经济走向低迷，有几个重要表现。

薪资增长几近停滞。研究者和舆论在分析台湾经济停滞不前时，通常会拿出的一个指标，就是个人薪资冻涨。人们对于经济现状的不满也集中在薪资增长长期落后于物价涨速，导致买不起房、不敢结婚、前景无望。有台湾媒体同行对笔者说，2001 年台湾开放大陆媒体赴台湾驻点采访之初，

在与大陆媒体记者交流时，发现自己的薪资还挺高的。近 20
年过去了，他们的薪资基本无变化，但大陆媒体同行的薪资
已涨了好几倍。

台湾统计部门的数据显示，2019 年台湾工薪阶层平均每
月实质经常性薪资为 40842 元新台币，低于 2003 年的 40922
元，整整倒退了 17 年。[①] 在物价尤其是都市房价不断走高的
情况下，工薪阶层尤其是年轻人普遍看不到希望。

经济增速每况愈下，诸多重要经济指标"亚洲四小龙"
垫尾。从 GDP 增速看，从蒋经国、李登辉、陈水扁、马英九
到蔡英文，台湾经济成长从傲视"亚洲四小龙"不断下滑，
到蔡英文的第一任期，台湾年均 GDP 增速已慢于全球增速。

表：台湾经济增长率与全球经济增长率比较[②]

	台湾经济年均增长率（%）	全球经济年均增长率（%）	台湾与全球年均经济增长率之比
蒋经国时期 1978—1987 年	9.05	3.05	2.97
李登辉时期 1988—1999 年	6.92	2.98	2.32
陈水扁时期 2000—2007 年	4.87	3.32	1.47

①《低薪魔咒还是没破》，台湾《中国时报》，2020-02-24。
②叶万安：《为什么台湾经济由盛到衰？70 年来经济自由化发展经
验》，台北：远见天下文化出版股份有限公司，2019，第 54 页。

	台湾经济年均增长率（%）	全球经济年均增长率（%）	台湾与全球年均经济增长率之比
马英九时期 2008—2015 年	2.83	2.30	1.23
蔡英文第一任期 2016—2019 年	2.42	3.04	0.80

台湾人均 GDP 增速、出口总量等经济指标的全球排名等均不断下降。与其他"三小龙"相比，台湾经济竞争力二十几年来下滑明显。以人均 GDP 做比较，新加坡早就在 2017 年达到 6 万美元，香港地区于 2014 年来到 4 万美元，韩国于 2017 年突破 3 万美元，台湾地区 2019 年还在 2.6 万美元的泥淖里挣扎。"三小龙"早把台湾地区甩得远远的，韩国甚至多年前就已宣称不把台湾地区视为其竞争对手。[1]

再具体以台湾地区常拿来比较的韩国为例。受亚洲金融危机重创，1998 年，韩国人均 GDP 曾下滑至约 8000 美元；台湾地区受影响相对韩国较小，当年人均 GDP 为 1.28 万美元，足足领先 4000 多美元。[2] 但 20 年过去，台湾地区的人

---

[1]尹启铭：《"敌中"还走得下去吗?》，台湾《中国时报》，2020-11-10。

[2]社论：《韩国人均破三万美元，台湾因何又老又穷》，台湾《联合报》，2018-11-05。

均 GDP 已被韩国反超并远远甩在身后。

20 世纪 80 年代多项经济指标名列"亚洲四小龙"之首的台湾，如今已被其他三个经济体反超。

作为外贸型经济体，20 世纪曾经创造出口辉煌的高雄港正是台湾经济的缩影。2000 年，高雄港吞吐量曾高居全球第三，仅次于香港地区和新加坡，但进入新世纪后全球排名稳步下降，2019 年高雄港吞吐量已退居第 15 位，与周边港口相比，难看到奋起直追的势头。

如今，港口进进出出的昔日繁忙景象不再。2020 年 6 月，笔者曾至高雄港附近探访，当地一名计程车（出租车）司机告诉笔者，20 世纪 80 年代至 90 年代初，上班之余兼职开计程车，每天能有几千块新台币的收入，现在全职开计程车的收入都赶不上当年兼职。

台湾家庭收入的贫富差距这些年来不断拉大。从台当局财政税务部门的统计资料可以发现，台湾社会财富结构已经从十余年前中产阶级家庭数量逐渐减少所呈现的"M 型"化，转型为朝向集中少数高端所得收入家庭所呈现的"L 型"化。此意味着，近年以来台湾家庭平均所得收入差距，呈现越来越大趋势，造成许多家庭陷入贫穷困境。[1]

---

①戴肇洋：《与其人均所得三万不如改善贫富差距》，台湾《工商时报》，2020-07-30。

与大陆相比，台湾的发展显得衰落更快。据统计，台湾1994年的GDP是大陆的45.27%，到2019年仅为大陆的4.26%，在全国各省中排第9名，居于广东、江苏、山东、浙江、河南、四川、湖北、福建之后。①

台湾经济衰落的原因，与其他经济体一样，有一些相近的内外部环境因素，更有其自身的特殊原因。

外部原因主要是世界经济发展和产业分工环境的变迁。如同20年前，"亚洲四小龙"承接欧美发达经济体产业升级后的产业转移一样，进入20世纪80年代，劳动密集型产业开始从"亚洲四小龙"往东南亚和中国大陆转移。到了20世纪80年代后期，这一趋势更加明显，台湾出现大量企业外移的现象。

台湾内部政治和社会生态也发生了很大变化。1988年至1990年担任台当局"经济建设委员会"（功能类似大陆各级发展改革委）负责人的钱复先生回忆称，到了20世纪80年代中期，台湾经济建设的整个环境发生了相当大的变化，他认为这与台湾内部"快速的政治民主化和社会多元化有很大的关系"。他指出，社会多元化造成了环保、劳工、农民意识的兴起，政治方面的开放带来这三方面不断有示威、抗

---

① 《台湾光复乃全民族抗战胜利之果　祖国统一是新时代历史大势所趋》，新华网，http：//www.xinhuanet.com/tw/2020-10/25/c_1210855345.htm，2020-10-25。

争、游行等事件。这些变迁直接冲击到投资者的意愿和公共建设的困难。更严重的是，政府官员误以为民主就是要讨好民众，做民众喜欢的事，不做民众讨厌的事。因此各地建设、社会福利和教育预算不断大幅增加，造成负债逐年增加。①

钱复总结他1988年履新"经建会"时的情景：在此之前，经建计划的拟订和执行是很自然而顺利的事；到了此时，没有任何工作不会遇到阻挠或挑战。②

钱复对当时台湾社会情形的描述，实质反映了两个问题：一是台湾投资经营环境恶化；二是20世纪80年代中后期，台湾开启"民主化"后，当局对经济建设的主导能力大不如前，官方通过"四年计划""六年计划"等政策规划促进经济发展的力度和效果不断减弱。

还有很重要的一点，从1986年起，在美国施压下新台币快速升值，重挫台湾出口竞争力，出口产业一片哀嚎。为了生存，企业只能谋求外移寻找更好的投资经营环境。一些信息通讯和电子类代工企业在台湾接单、海外生产，一定程度上也减少了台湾的就业机会。

---

① 钱复：《钱复回忆录·卷三：1988—2005年台湾政经变革的关键现场》，台北：远见天下文化出版股份有限公司，2020，第20—22页。
② 钱复：《钱复回忆录·卷三：1988—2005年台湾政经变革的关键现场》，台北：远见天下文化出版股份有限公司，2020，第22页。

然而，内部投资环境恶化、企业外移、人口红利消失等困境和不利因素，是"亚洲四小龙"曾共同面对的难题。为何经过二十几年的发展，其他"三小龙"实现了经济快速转型和发展，台湾却像时光停滞一样，眼睁睁看着"三小龙"和其他经济体在各方面超越自己呢？

这表明，台湾经济低迷，除了有全球产业转移的外部因素，更有其自己内部的严重问题。

意识形态主导经贸政策

内部原因也是主要原因，就是主政者以意识形态主导经贸政策，自我限缩了台湾的发展。民进党不管在野或上台，处处以意识形态凌驾经济规律，掣肘台湾经济发展。

如前文所述，20世纪80年代中后期，由于新台币在美国压力下骤然升值，台湾企业出口竞争力严重下挫，并面临薪资上涨、劳动力短缺、环保意识兴起等压力，投资经营环境恶化，企业亟需突破困境。1987年底，国民党当局开放老兵回大陆探亲。企业界很快将眼光投向改革开放已近十年的大陆市场。大陆1988年及时颁布施行《国务院关于鼓励台湾同胞投资的规定》，鼓励台资企业和台胞赴大陆投资。

因应台企踊跃西进带来的压力和需规范的各种现实问题，台当局20世纪90年代初期先后公布准许企业"间接赴大陆投资项目"，通过"台湾地区与大陆地区人民关系条例""在大陆地区从事投资或技术合作许可办法""在大陆地区从事投资或技术合作项目审查原则"等法规，对台企赴大陆投资松绑并做出规范。大陆 1994 年又颁布施行《中华人民共和国台湾同胞投资保护法》，对台资企业和台商在大陆投资经营与合法权益给予法律保障，进一步鼓励台商赴大陆投资。台商西进大陆投资形成热潮，并拉动台湾对大陆出口。20 世纪 90 年代中期，中国大陆和香港地区取代美国成为台湾地区最大贸易顺差来源地。

然而，面对台商"登陆"和两岸经贸交流合作展现出的蓬勃发展态势，基于"去中国化"意识形态考量，1996 年 3 月胜选后再无选举压力的李登辉，"独"性日显，很快抛出一套所谓"戒急用忍"的政策。当年 8 月，他在答复"国大代表"建言时指出，以大陆为腹地建设亚太营运中心的论调必须加以检讨。同年 9 月，李登辉正式提出"戒急用忍"的主张，称"因应当前两岸关系必须秉持戒急用忍的大原则"。随后，李登辉当局规定"高科技、单一个案投资超过 5000 万美元及基础建设"等三种投资禁止"登陆"，还不断出台诸多法规束缚、阻挠企业西进，严重阻碍两岸经贸往来。

李登辉在 1996 年至 2000 年实行"戒急用忍"作茧自缚的经贸政策，虽然没能从根本上撼动两岸经贸交流日益紧密的趋势，这五年间两岸贸易仍持续保持增长趋势，但这一事后证明失败的错误政策对台湾影响甚巨。

它阻绝了台商在有利时机赴大陆大举投资和布局的道路，也让许多全球化企业打消了以台湾为生产和研发基地，从台湾进入大陆市场的计划。台湾如火如荼的"建设亚太营运中心"规划因此戛然而止。

"戒急用忍"的封闭经贸政策，事后被许多台湾官员、专家学者和媒体评价为拖累台湾经济发展"由盛而衰"的转折点，很多台湾企业因此错失了更早进入大陆市场占据更有利位置的大好契机，令人扼腕。

2000 年陈水扁上台，适逢互联网泡沫破裂导致全球经济不景气，加上全球化浪潮继续高歌猛进，两岸在 2001 年先后加入世贸组织，台湾各界要求检讨"戒急用忍"的声浪高涨。为了展示"拼经济"（台湾政治人物几十年来常喊的口号之一）决心，2001 年 8 月，在听取各界建言后，陈水扁当局宣布将大陆经贸政策由"戒急用忍"改为"积极开放、有效管理"。

在这一政策下，台商赴大陆投资再次掀起一波热潮，两岸贸易额大幅增长。商务部统计，2005 年两岸间接贸易额达912.3 亿美元，其中大陆对台湾出口 165.5 亿美元，大陆自台湾进口 746.8 亿美元，台湾顺差达 581.3 亿美元。[1] 台湾经济从两岸经贸中获得强劲动力，在经历 2001 年的经济负增长后，迅速恢复为正增长。

然而好景不长，2004 年陈水扁连任后，民进党当局在 2005 年即宣布要将"台湾优先"视为"台湾的经济命脉"，称"不能一味开放，而忽略了最根本最重要的有效管理"。2006 年 1 月 1 日，陈水扁宣布将"积极开放，有效管理"改为"积极管理，有效开放"，对两岸经贸施加紧缩和管制。

在八年任期内，陈水扁死抱民进党"台独"和"废核"两大意识形态神主牌。废除核电的主张和行动令缺电危机始终笼罩台湾，企业不敢扩大投资，更吓跑不少企业。为了选票和绑架"深绿"基本盘化解台湾各界对他及其家族贪腐的怒吼，陈水扁第二任期内不断在"台独"的路上暴冲，抛出"入联公投""一边一国"等"急独"主张，严重冲击台海稳定，外资不敢轻易加码投资台湾，台企继续外移寻求更好发展机会。加上内部对立严重，重大建设难以达成共识，台湾经济发展进一步放缓。

正是从李登辉第二任期的"戒急用忍"锁闭政策开始，韩国人均 GDP 逐渐接近台湾地区。陈水扁时期，韩国完成

---

①商务部统计：《2005 年两岸间接贸易额逾 912 亿美元》，中新网，http：//www.chinanews.com/news/2006/2006-01-23/8/682059.shtml，2006-01-23。

了对台湾地区经济的"超车"。对于这一关键时期,台湾媒体指出,从1998年到2003年的五年之间,韩国总统金大中除大力改革政府结合财阀拼经济的模式,更以跨党派、跨阶级的号召凝聚共识推动社会改革,也推动了产业升级。反观台湾地区,当时陈水扁推动的是"一边一国"和"正名制宪"的政治冒险,在台面下他则进行其个人的贪腐聚敛。[①]2003年,韩国人均GDP正式超越台湾地区,并逐渐拉开与台湾地区的差距。至于新加坡和香港地区,人均GDP早已让台湾地区看不到尾灯。

2008年5月马英九上台后,几年间海峡两岸在"九二共识"政治基础上先后签署了23项协议,实现了全面直接双向"三通",开启了"大交流、大合作、大发展"的时代。两岸经贸交流合作为两岸特别是台湾各界带来丰沛红利。

2008年、2009年因遭全球金融危机,台湾经济下挫,但受惠于两岸经贸合作带来的巨大动能,2010年台湾经济增速反弹至10.6%,这一增速创造了台湾逾20年新高。

大陆在2010年跃居世界第二大经济体,为台湾和全球经济成长带来更加强劲动力。大陆多年来位列台湾第一大出

---

① 社论:《韩国人均破三万美元,台湾因何又老又穷》,台湾《联合报》,2018-11-05。

口市场，也是台湾最大顺差来源地。台湾凭借"近水楼台"的优势本可以从两岸互利合作中获得更大成长助力，但当时在野的民进党处处掣肘、"逢中必反"，不断攻击国民党"亲中卖台"，在"立法院"审议时无理抵制甚至发动绿营支持者上街阻挠两岸经贸合作，造成台湾失去更好的发展机遇。

以事关两岸经济关系正常化、两岸经济合作制度化和经贸往来机制化的《海峡两岸经济合作框架协议》（ECFA）为例。2009 至 2010 年，两岸在商签这一重要协议的过程中，民进党发动支持者强力抵制、全力抹黑。

当时的民进党主席蔡英文称 ECFA 是"包着糖衣的毒药""ECFA 只让少数大财团获利，大部分人都是受害者"，并扬言一旦民进党 2012 年重新"执政"，就要废止 ECFA。民进党政治人物用恶毒的语言恐吓台湾民众："签了 ECFA 后会查甫找无工，查某找无尪，囝仔要去黑龙江。"（闽南语。意思为男的找不到工作，女的找不到老公，小孩要去黑龙江。）

民进党还称一旦签署 ECFA，大陆劳工及农产品会长驱直入，台湾经济会崩盘，但事实是 ECFA 根本没有开放大陆农产品及大陆劳工进入台湾市场。民进党和绿营媒体还肆意攻击支持两岸签署 ECFA 的台湾专家学者为"御用学者"。

2010 年 6 月，海协会和台湾海基会正式签署 ECFA。双方同意逐步减少或消除双方之间实质多数货物贸易的关税和非关税壁垒；逐步减少或消除双方之间涵盖众多部门的服务贸易限制性措施；提供投资保护，促进双向投资；促进贸易投资便利化和产业交流与合作。协议还包括实施货物贸易、服务贸易早期收获计划以及后续就货物贸易协议、服务贸易协议、建立适当的争端解决程序和投资保护机制等展开磋商的有关内容。①

根据 ECFA 规定，两岸双方于 2011 年 1 月 1 日起全面实施 ECFA 货物贸易与服务贸易早期收获计划。在货物贸易方面，大陆对 539 项原产于台湾的产品实施降税，台湾对 267 项原产于大陆的产品实施降税。在服务贸易方面，大陆向台湾进一步开放会计、专业设计、银行、证券等 11 个服务部门、19 项内容；台湾向大陆开放研究与开发、会展等 9 个服务行业。

时序来到 2020 年，近十年过去，台湾并没有如民进党当年所称因为签了 ECFA 而导致经济崩盘。恰恰相反，台湾从 ECFA 货物贸易早期收获计划、服务贸易早期收获计划中获得实实在在的经济红利。据台湾方面统计，仅仅是通过 ECFA 早收计划，台方利用大陆提供的 539 项商品免关税和

①《海峡两岸经济合作框架协议（全文）》，中央台办、国台办官网，http：//www.gwytb.gov.cn/lhjl/laxy/201101/t20110105_1677058.htm。

单方面对台湾提供的 18 项农产品免关税机会，每年向大陆出口约 200 亿美元，到 2019 年已累计获得关税免除 66.3 亿美元，也让大陆成为台湾农产品的最大出口地；此外，台湾的银行业也在大陆开设了 24 家分行、12 件保险业赴陆参股投资、20 多件证券业投资，成为金融业的重要获利来源。[①] 台资还在大陆设立独资或合资医院，台湾更多的影片进入大陆市场，在为大陆民众带来医疗服务和文娱产品外，自身也受益于大陆市场。

ECFA 早期收获计划的实施，只是落实 ECFA 的第一步。遗憾的是，两岸服务贸易协议、货物贸易协议等 ECFA 后续协议的生效、实施和协商，却因为民进党的阻拦，延宕至今。

2013 年 6 月，海协会和台湾海基会签署《海峡两岸服务贸易协议》。在"立法院"对协议进行审查阶段，民进党却违反审查规则，在"立法院"强力抵制，并导致 2014 年 3 月发生"反服贸学运"（台湾舆论称之为"太阳花学运"）。民进党和学生团体要求"先立法、再审查"，在"立法院"订立"两岸协议监督条例"前，不能审查服贸协议，服贸协议审查被迫中断，不能生效。ECFA 后续协议的

①社论：《ECFA 十年……看清真相与假象》，台湾《经济日报》，2020-09-11。

协商推进工作停摆至今。

2014年3月"反服贸学运"发生时，笔者恰在台湾，见证了这场长达二十几天的争议始末。

3月18日晚，一些学生强闯"立法院"，民进党籍"立委"不但为学生进入"立法院"霸占议场开门、带路，还挡在议场门口充当看门人禁止国民党籍"立委"进入。随着参与学生的规模越来越大，民进党政治人物纷纷前往"立法院"支持学生占据议场行为，并不断抹黑服贸协议，给国民党贴上"亲中卖台"标签，污名化两岸经贸合作，趁机收割政治利益。

期间，民进党和绿营学者不断恐吓台湾社会签署两岸服贸协议后，台湾将会面对被大陆"并吞"的危险，有学者制作"服贸懒人包"，公然造谣服贸协议将引来大陆劳工压境。

"反服贸学运"发生后，因为"两岸协议监督条例"迟未订立，不但已经签署的两岸服贸协议未能生效，货贸协议以及后续两岸经贸合作的协商进程被迫停止。

其实，ECFA早收计划的539项产品只占两岸货物贸易种类的约6%，两岸如果能及时完成货物贸易协议的协商、签署和生效，降税产品覆盖范围将显著扩大，给台湾出口带来极大提振。服务贸易方面，大陆14亿人的内需市场潜力极大，是台湾服务业者可以深耕的"蓝海"。

但是，因为民进党抱持"降低对大陆经济依赖"意识形态，掣肘两岸进一步商签协议，ECFA 只停留在了早期收获计划。台湾许多服务业和货物商品错过了以更好的条件和机会进入大陆市场。

颇具讽刺的是，在对 ECFA 抹黑抹红十年后，2020 年上半年，随着 ECFA 签署十年期限将至，台湾各界担忧 ECFA 是否将终止时，已经在年初竞选连任成功的民进党当局却称 ECFA 整体而言对台湾有益，希望持续下去，甚至还呼吁大陆"政治归政治，经济归经济"。这种上台、在野时对同一事件的截然相反态度，再次揭橥民进党以政党利益为优先的行为模式。

台湾通过两岸经济关系正常化、制度化、机制化从而进一步加入区域经济合作的努力成效，因民进党的反对而大打折扣。其他国家和地区通过"反服贸学运"和 ECFA 后续协商的进展停滞，看不到台湾稳定两岸关系和推动贸易自由化的决心，台湾想与其他经济体签署自贸协议变得更加艰难。这对于高度依赖对外贸易的外向型经济体台湾来讲，冲击是巨大的。

事实为证。2013 年 6 月两岸签署服贸协议后，当年台湾地区就和新西兰、新加坡签署了"经济合作协议"（自由贸易协定）。2014 年 3 月的"反服贸学运"造成两岸服贸协议至今仍然躺在"立法院"无法审议的后果，也使得 ECFA 后续协商中断。相应的是，至 2020 年，六年岁月蹉跎，台湾未能再与任何一个较重要的经济体签署自贸协议，融入区域经济整合一事无成。

时隔多年后，马英九在书籍中回顾"反服贸学运"时，以《那些让台湾停滞不前的罪人啊！》作为标题。[1] 马英九认为，如果当时让台湾的服务业到大陆发展，有很多可着力之处，现在呢？一场学运，看似船过水无痕，但台湾提升竞争力的机会已一去不复返。[2]

2016年，蔡英文上台后，大力推行所谓"新南向"政策，以减轻"对大陆经济依赖"。

实际成效如何呢？2016年台湾对"新南向"十八个国家的出口额为592亿美元，占台湾出口总额21.2%，隔年占比微增至21.3%。但从2018年起，台湾的南方贸易就只跌不增，2020年前7个月占比更缩减为18%。讽刺的是，蔡英文当局宣称要以"新南向"取代的大陆市场，占台湾出口比重却不减反增，2020年6月台湾出口大陆金额更创下占台湾总出口额46%的史上新高；2020年前6个月，台湾对大陆出口达668亿美元，占台湾总出口比重上升到42.3%，创近十年新高。舆论直指，"新南向"出口倒退，蔡英文当局绝

①马英九口述、萧旭岑著：《八年执政回忆录》，台北：远见天下文化出版股份有限公司，2018，第306页。

②马英九口述、萧旭岑著：《八年执政回忆录》，台北：远见天下文化出版股份有限公司，2018，第326页。

口不提，却自诩"成效卓著"，是自欺欺人。[1]

何以至此？原因无他，经济规律使然。

荷兰诺贝尔经济学奖得主简·丁伯根有一个著名的经济理论——贸易引力模型。这一理论的核心内容是，两个经济体间的贸易与两者的经济规模大小（以 GDP 规模与人口来衡量）成正比，与两者之间的地理或文化距离则成反比关系。

几十年来，从周边国家加拿大、墨西哥对世界第一大经济体美国的贸易依存度高达七八成，以及世界第二大经济体中国与东盟十国的紧密经贸关系，皆证明了这一贸易模型理论的正确性。

回到两岸，大陆早已成为台湾的最大贸易伙伴、最大出口市场、最大顺差来源地，以大陆的经济规模、人口以及两岸地理和文化距离看，台湾对外贸易对大陆的贸易依存度高，不仅是符合经济理论的事实，也是客观发展趋势。民进党从意识形态出发，试图用政治力量扭转经济规律、减少两岸经贸往来，自然难以做到。

回头看，在 20 世纪 60 年代至 20 世纪 80 年代经济起飞时期，台湾紧抓全球经济发展机遇，创造了经济奇迹与辉煌。

---

①社论：《台美合作新南向是狗尾续貂》，台湾《联合报》，2020-10-13。

但自 20 世纪 80 年代后期开启"民主化"进程后，尤其是从李登辉 1996 年的第二任期开始，在抱持"远中""反中"意识形态的政党和政治人物操弄下，台湾整个社会被绑架，长期陷于统"独"和"国家认同"之争，造成社会撕裂、族群对立。政治和意识形态挂帅，取代经济理性主导发展，导致政策谬误不断，一再贻误发展机遇。

一是在两岸经贸交流政策方面，李登辉和民进党为了"防止经济过度依赖大陆市场"，逆经济规律而动，不断为两岸经贸"降温""踩刹车"，导致台湾二三十年来不断错过布局大陆市场先机和进一步融入区域发展整合良机。

二是为了短期选票考量，朝野长期争斗不休，互相对立的阵营为了反对而反对，社会在重大经济和发展议题上取得共识更加艰难，经济政策主管和规划部门的官员走马灯似地换了又换，经济规划的前瞻性和连续性严重不足。以事关经济发展的能源为例，民进党长期抱持"废除核电"意识形态神主牌，强烈反对核电厂运营，导致"缺电"威胁如一把悬在企业头上的利剑，企业不敢增加投资。

经济社会发展被政治和意识形态凌驾的结果，就是经济增速不断走低，产业转型升级迟缓，人们收入滞涨，整体竞争力进一步下滑。面对经济长期低成长和衰落，政客们忙于争权夺利无暇他顾，社会大众除了缅怀"钱淹脚目"的辉煌，毫无办法，只剩沮丧。

2019 年 12 月 5 日，台湾媒体在新北市土城录制一档户外节目，吸引不少当地民众参加。一位中年女士发言时激动地说，她当年高中毕业找工作，第一份工作起薪 2.8 万元（新台币，下同）；她的女儿现在大学毕业，起薪是 2.5 万元。这位女士还说，她的爸爸以前是收破铜烂铁的，他很认真工作，买了三间房子。她也很认真工作，能养起和栽培孩子。但现在，她的女儿也很认真工作，竟然养不起自己。她还无奈地说，她的女儿上大学读外语教学系，但毕业找不到教师的工作，只能做零工。

这位女士坦承，她以前不关心政治，认为政治跟她无关。但她现在终于发现，政治会影响大家的生活。她对着麦克风大声呼吁民众不要再被民进党欺骗。

笔者在现场看到，这位女士的发言赢得观众热烈回响。

傲视全球的半导体产业

中美贸易摩擦让很多人明白了芯片的极端重要性。芯片被誉为现代科技"皇冠上的明珠"，智能手机、电脑、通信设备、移动互联网、工业互联网、航天器、汽车等产品和行业都离不开形形色色大小不一的芯片。芯片代表着一个国家和地区的科技创新力水平，对经济发展至关重要。

通过媒体报道，大陆广大消费者发现，华为等大陆科技公司从台湾的台积电等科技公司购买芯片。这或许出乎不少读者意料：原来台湾的高科技还挺厉害的。

没有错。以芯片为代表的台湾半导体产业足以傲视全球，也是台湾经济转型几十年来最成功的产业。

半导体产业是电子信息工业的基础和上游，为整个电子信息产业的创新发展提供驱动力。因此，各个国家和地区都将推动半导体产业发展作为工业发展的优先目标。台湾因为起步较早、人才优势等因素，在半导体产业积累了雄厚的实力，在全球市场占据重要地位。

读者阅读芯片和半导体产业的相关报道和资料时，经常会遇到半导体、集成电路（IC）、芯片这三个概念。这三者有密切关系但不完全一样。普通读者无需太过纠结于其中的细微差别。

笔者经过大量阅读并跟技术达人请教后，觉得大体上可以这么理解：半导体是介于导体和绝缘体之间的材料总称，比如硅（台湾称为矽），就是大多数半导体产品的主要原料。半导体产品就是在硅里面添加元素后形成的具有电路特性的电子元件。

集成电路是指把一个电路设计，包括这个电路所需的晶体管、电阻、电容等元件及元件间的连接线路，集成制作在一小块芯片上并封装。把（不同类型或单一）集成电路塞到载体（一般是硅片）上，就形成了芯片。所以，集成电路

（台湾称积体电路）和芯片很多时候是通用的。

需要指出的是，集成电路是半导体产品的一种。半导体还包括二极管、液晶显示器、发光二极管等。但因为集成电路产业占据半导体产业的比重太大，且有的集成电路公司也生产二极管等产品，所以一般就把集成电路产业等同半导体产业了。

也就是说，很多时候，三者是通用的，财经新闻报道中常用 IC 简称。

半导体产业的上下游产业包括设计、制造、封装测试等三大部分。设计公司依客户需求设计出集成电路图。中游的制造公司主要任务是把设计业者设计好的电路图移植到晶圆上。晶圆就是硅半导体集成电路制作所用的硅芯片，由于其形状为圆形，故称晶圆。下游的封装和测试业者，把中游制造完成后的晶圆进行封装与测试（包括前段测试和后段测试），芯片就可以出厂了。

在半导体产业发展的早期，业界流行垂直整合生产模式（即 IDM 模式），即一家半导体公司包办从设计、制造到封测、销售的全流程。但随着生产规模的扩大，这种模式往往需要雄厚的运营资本和研发制造能力才能支撑下去，细化分工开始出现。

1987 年，台湾积体电路制造股份有限公司（台积电）成立，让业界有了专业晶圆代工厂，很多小公司只需要专注设计、封测即可，制造就委托给台积电这样的专业代工厂。

此后无工厂半导体公司如雨后春笋般增长。"设计—制造—封测"垂直分工模式逐渐成为半导体产业发展的新商业模式。如今，全球半导体产业巨头中，采用垂直整合生产模式的还剩韩国的三星电子以及美国的英特尔，其他如高通、博通、台积电等，采用垂直分工模式。

从全球半导体产业链结构看，2019 年美国半导体产业产值依然全球第一，产值全球市占率高达 44.6%；台湾地区半导体产值位居全球第二，产值全球市占率为 16.9%。[①] 但美国半导体产业的优势在于 IDM 结构和半导体设计，在晶圆代工和封测方面则明显偏弱。

台湾的半导体产业分工模式则傲视全球。台湾目前拥有全球最完整的半导体产业链和专业分工，也形成了台积电、联电、日月光等半导体产业巨头。

台湾半导体产业的上游、中游、下游全产业链已经非常成熟和完整，也具备较强竞争力。据台湾资讯工业策进会产业情报研究所统计，受益于新冠肺炎疫情较其他地区较缓和，2020 年台湾半导体产值达 3.22 万亿元新台币，同比增长 20.9%，位居全球第二。其中，晶圆代工、IC 封装测试产值均排名全球第一，全球市占率双双超过六成；IC 设计业

---

① 《台积电象征性赴美》，台湾《中国时报》，2020-05-16。

产值全球排名第三，市占率逾两成；存储器制造产值全球排名第四，市占率近5%。

研究台湾工业特别是半导体产业发展，就不得不提台湾工业技术研究院（简称工研院）。工研院在台湾的性质是"财团法人"。财团法人不是企业，而是指以公益为目的的非营利机构，比如大陆读者熟悉的台湾海基会，其全称是"财团法人海峡交流基金会"，性质也是非营利机构。

工研院是台湾最大的产业技术研发机构，是引领台湾科技发展的龙头。它在官网的自我介绍中称，工业技术研究院是国际级的应用研究机构，拥有6000位研发尖兵，以科技研发，带动产业发展，创造经济价值，增进社会福祉为任务。自1973年成立以来，率先投入集成电路的研发，并孕育新兴科技产业，将研发成果扩散至产业界；累积近30000件专利，并新创及育成超过280家公司，包括台积电、联电、台湾光罩、晶元光电、盟立自动化、台生材等上市柜公司，带动一波波产业发展。[①]

这家实力雄厚的研发机构在外界看来带着一些神秘色彩，前去工研院参访的团队，能看到的都是同样的介绍短片，除了主动发布新闻稿，很少接受媒体采访。

---

①工研院官网，https：//www. itri. org. tw/ListStyle. aspx？DisplayStyle=20＆SiteID=1＆MmmID=1036233406503070534。

工研院的成立和台湾半导体产业的发展，则与前面讲到的 20 世纪 70 年代开始的台湾产业转型有关。

因应当时产业发展困境，为促进产业界技术升级，增强工业竞争力，并不断培养技术人才，1973 年，台当局"经济部"决定成立工研院。

1974 年，在美国无线电公司（RCA）（后被通用电气收购）担任微波研究室主任的潘文渊（出生于江苏苏州，美籍华人）应邀来台考察电子工业发展。期间，他向"经济部长"孙运璿等人提出台湾应发展集成电路技术的建议，并向当局提交了"集成电路计划草案"。这与台湾当时寻求产业转型的方向高度契合。

孙运璿等人研究后全部采纳潘文渊的计划书，台湾半导体产业正式起航。工研院成立电子工业发展中心（后升格为电子工业研究所）。当年，潘文渊向 RCA 提出辞呈，提早退休，协助台湾发展集成电路技术。他很快说服 RCA 以较低的价钱将多项技术转移给工研院，还促成 RCA 为工研院培训 IC 产业人才。[1]

正因为潘文渊为台湾半导体产业发展做出的独特贡献，他在台湾赢得了"台湾半导体之父""台湾集成电路之父"的美誉。

---

[1]《潘文渊博士生平与台湾产业关系大事纪》，潘文渊文教基金会第 4 期会刊，第 3—4 页，https：//web. archive. org/web/20180828102425/http：//w3. itri. org. tw/pan/files/p1-24. pdf。

1976 年，工研院派遣第一批人才到 RCA 公司学习 IC 技术。这批成员中的不少人后来成为台湾半导体产业的风云人物。

短短几年，IC 产业在台湾发展取得成效。比如，1977 年，台湾首座 IC 示范工厂正式开工。1980 年，台湾 IC 公司联华电子（联电）成立。

1980 年底，台湾第一座科学园区新竹科学工业园区（简称竹科）建设完工，大批 IC 工厂开始入驻。竹科发挥了很好的产业集群效应。IC 设计、制造、封测公司在园区不断积聚，产业链建立起来后，各厂商协同分工产生规模经济，生产成本有效降低。

除了庞大产业链产生规模经济效应，长期以来的人才集聚优势也是台湾半导体产业保持竞争力的关键。

新竹科学园区所在地，坐落着新竹清华大学、交通大学等台湾名校，以这些学校为代表的台湾一批高校理工科优势明显，为台湾的科技公司提供人才支援。同时，台积电等科技大厂多年来也与高校维持良好的合作，为学生埋头从事研究提供奖学金等机会。台积电等还与这些高校的专家学者常年保持研究合作，时常在国际前沿期刊共同发表最新研究成果。产、学、研形成良性循环。

经过多年良性循环的培养，台湾的半导体工程师业务素质普遍较高，且有着中国人勤劳的传统良好习性，薪资水平合理并较发达经济体偏低。这成为台湾半导体产业降低成本的又一大优势。

台湾的半导体产业链中，IC 制造业明显领先其他地区。在"设计—制造—封测"分工模式中，晶圆制造及加工是芯片制造的核心工艺，直接影响半导体产业先进程度和整个产业产能输出，重要性不言而喻。

研究台湾 IC 制造业，甚至提及台湾半导体产业，外界首先想到的就是台湾 IC 制造业的龙头公司台积电。这家由张忠谋应邀自美赴台后于 1987 年创建的企业，如今是世界最大、技术最先进的晶圆代工公司，也是台湾股市市值最大的标杆企业，其市值占据台股总市值 30% 左右，多年来与美国英特尔、韩国三星电子名列全球半导体公司营收三巨头。

台积电的先进制程稳定领先对手。2020 年，尽管受新冠肺炎阴霾影响，世界经济情势一片暗淡，但受惠于疫情下远距离商机爆发，台积电凭借领先全球的高阶制程收获充足订单，效益持续增长，获利创历史新高。台积电 2020 年全年营收达 13392.55 亿元新台币（约 480 亿美元），同比增长 25.2%，占台湾 GDP 逾 6%；营业利润达 5667.84 亿元新台币（约 200 亿美元），同比大涨 52.1%。2020 年 12 月 31 日台股收官，台积电市值来到 13.74 万亿元新台币的历史新高，台股总市值为 44.9 万亿元新台币，台积电市值占比台股总市值超过 30.6%。

2020 年，台积电成为全球率先实现 5 纳米制程量产的厂商。台积电并宣布，预计 3 纳米将于 2021 年试产，2022 年下半年量产。[①] 台积电 2020 年全年资本支出达 172 亿美元，这一规模占台湾当年固定投资总额的比重高达逾 10%。

台积电在台湾经济的龙头地位展露无遗。在最近几次台湾地区领导人选举中，总会有媒体传出，各阵营候选人都想邀请台积电创办人张忠谋担任副手。

关于芯片的新闻报道，常会出现制程一词。简单讲，制程越小，代表芯片制造技术越先进。制程不断缩小，芯片体积就越小，这样不但可以降低半导体业者的成本，还可以增加运算效率、降低耗电量，满足移动设备（比如智能手机）轻薄化需要。台积电近几年的芯片制程不断变小，意味着芯片技术不断突破。有领先对手的先进制程，台积电的订单经常满载。

美国基于自身利益考虑，长期施压台积电增加赴美投资。2020 年 5 月中旬，台积电终于宣布赴美兴建并运营一座 5 纳米制程晶圆厂，拟于 2021 年动工，2024 年开始量产。这也是台积电在美国的第二座生产基地。

美国国务院、商务部对此欢欣鼓舞，称台积电赴美投资将"增强美国的国家安全"。据多家台湾媒体报道，美国多

---

① 《台积抢先同业研发 2 奈米》，台湾《经济日报》，2020-04-22。

家高科技企业的高端芯片委托台积电代工生产，美国国防部也采用某些台积电客户的芯片。为了"国家安全"考量，美国希望其国防工业所需的高端芯片都能在美国境内生产，这也是硬要把台积电先进制程晶圆厂拉进美国的重要因素。①

由此可见台积电的芯片制造技术及其在全球半导体市场的地位。

半导体产业对台湾经济发挥支柱性作用。2020年，台湾半导体产品出口金额达1225亿美元，占台湾总出口的35.5%，增长率达22%，远高于台湾4.9%的整体出口增长率，是带动台湾出口增长最主要的力量。

台湾半导体产业以代工制造为龙头带动全产业链发展的模式，与台湾自然资源缺乏和市场过小有关。以台积电为例，其生产基地主要在台湾，但2019年的营收中，56%来自北美，22%来自大陆。因此，台湾半导体业侧重发展贸易，而不是品牌。以先进制程为客户代工制造各种类型芯片，不会与客户抢市场，客户可放心，更进一步增加了台积电的订单。

这也是整个台湾经济的缩影。经过几十年发展，在全球化分工中，台湾形成了以外贸为导向的浅碟形经济体，对外贸易依存度（进出口总额占该地GDP的比重）较高。20世

①《台积电赴美投资的新天地》，台湾《联合报》，2020-05-16。

纪80年代，出口占台湾 GDP 比重四至五成，2004 年这一数字突破六成后，一直维持六成左右。近年来台湾的对外贸易依存度更维持高达 100% 左右。

2020 年全球因新冠肺炎疫情以及美国粗暴打压中国高科技企业等影响，台湾芯片业者和半导体产业订单饱满，业绩快速增长。不过，台湾一些专业人士和媒体也从"凡事预则立"的角度看到了台湾半导体的潜在挑战。新冠肺炎疫情和个别大国以芯片等高科技技术动辄制裁他国企业的蛮横无理行为，让全球主要经济体都深刻感受到将重要战略物资和关键技术掌握在自己手里的战略意义。中国、欧洲、日本等都纷纷加大对半导体产业发展的支持，以维护自身经济和战略安全。如前文所述，台积电 2020 年 5 月"被邀请"赴美国投资设立新厂，其实正是美国强化芯片来源管控和分散风险的战略布局。

各大主要经济体加大力度发展半导体产业自主供应链，未来势将改变世界半导体产业生态格局。作为现有生态的受益者，自身市场狭小的台湾半导体产业将来面临的挑战不小。这是后话。

总体上，以台积电为代表的半导体产业给台湾出口乃至整个台湾经济提供了强劲动力，台湾官方和民间社会以此为荣，但这也折射出台湾经济的一个重要困境和长期隐忧：失衡的产业结构。

失衡的产业结构

台湾整体经济结构中，目前服务业约占 GDP 的 60%，工业约占 30%，农业和矿业等约占 10%。然而作为高度依赖进出口贸易的岛屿型经济体，工业却承担了台湾绝大部分出口的重责大任。

台湾的出口商品中，以台积电为代表的半导体和信息通讯产业占的比重极高，形成高度单一产业依赖的情形。所谓"一俊遮百丑"，半导体产业的亮眼成绩很大程度掩盖了台湾经济整体低迷和民众薪资冻涨等问题。

比如，2020 年上半年，受新冠肺炎疫情影响，台湾绝大多数行业景气衰退，民生急需纾困，4 月份失业率达到4.03%，创近 7 年同期新高。但是台湾 4 月份的外销订单和工业生产指数却逆势增长，分别年增 2.3% 和 3.51%。台当局"经济部"分析外销订单和工业生产指数增长的原因，均提到远距离办公商机与半导体需求强劲，拉抬订单和整体制造业指数上扬。这也成为 2020 年台湾经济的缩影。

2015 年至 2020 年上半年，台湾前二十大出口厂商的出口值占台湾整体出口比重一路攀升，已从 2015 年的 25.4%增长至 2020 年上半年的 33.4%，影响程度续增。这二十大出口厂商多集中于半导体相关产业。①

半导体的发展成就虽然傲人，却不能遮掩台湾整体经济的平庸。就好比在股市中，在绝大多数个股下跌时，靠一两家权重股拉抬指数，并不能掩盖股市整体惨淡和绝大多数股民亏钱的残酷现实。

信息通讯科技产业虽然产生高附加价值，出口产生大量贸易额，增加台湾的 GDP；但作为技术密集型行业，这些高科技产业创造的就业机会却远低于传统制造业、服务业及农渔业等，吸纳就业人口有限。台湾 95% 以上的企业是中小企业，吸纳 90% 的台湾就业人口，其中大部分又属于服务业。台积电、联电等少数高科技大厂快速成长，所雇员工的薪资增长较快，形成部分高收入群体，但其他产业和员工难以共享荣光。服务业和传统制造业几乎百业萧条，员工薪资长期冻涨。

这种"百业萧条，唯富电子"的产业结构，在官方为了漂亮的出口数据而"择优奖励"扶持电子产业的政策导向下，变得更加畸形。

产业畸形发展令很多人担心。曾任台当局"经济部长"和"经建会主委"的尹启铭教授 2020 年 6 月撰文指出，当

①台当局"财政部"新闻稿，https：//www. mof. gov. tw/ singlehtml/
384fb3077bb349ea973e7fc6f13b6974？cntId＝0d37921f11944c7e8f68b08b3
8a8bfe1，2020－07－24。

局似被出口表面亮眼的数字所蒙蔽，只看到半导体和信息通信技术产业的不断攀升，忽略了产业空洞化和传统产业日渐衰败的危机。2020年1至5月全球笼罩在新冠肺炎疫情之下，需求不振，台湾出口成长仍达1.5%，但半导体产业出口占总出口比重高达34%，集中度过高，风险也大，这就是一个严重的警讯；如果扣掉半导体产业，台湾1至5月的出口成长立即转为负3.4%。[①]

2020年受疫情所累，全球经济陷入衰退，受惠于远距离经济爆发的电子科技产业一枝独秀。在这一背景下，电子信息产业实力较强的台湾当年出口金额达3452.8亿美元，同比增长4.9%，表现亮眼。这主要得益于以半导体为首的电子零组件和信息通讯产品的出口，二者出口增速远高于台湾整体出口4.9%的增长率，前者出口金额1356亿美元，同比增长20.5%；后者出口金额492亿美元，同比增长15.4%，两者出口金额合计占台湾总出口额超过一半，达53.5%，拉动台湾整体出口和GDP实现正增长。传统产业则惨淡无光，比如矿产品、纺织品出口额各年减47.6%、17.9%，创历史最大跌幅。[②] 从就业看，信息通讯产品和电子零组件从业人

---

① 尹启铭：《蔡政府眼中还有传产吗》，台湾《中国时报》，2020-06-22。

②《2020出口飙史上新高 销陆创纪录》，台湾《中国时报》，2021-01-09。

口只占制造业的三成左右，而传统产业的就业人数占到近七成，制造业中这七成的从业人员很辛苦。服务业就业人员不用说，他们的薪资总体一向不如制造业。

在台湾出口数据和经济增长如同政治人物宣传般亮眼时，除少数高科技企业外，大多数民众是无感的。加上宽松货币政策造成房地产、股票等资产价格不正常上涨，人们收入分配差距恶化更严重，民众获得感更差。

长期以来，台湾依靠出口作为经济发展主要动力，出口结构又过度依赖电子和信息通讯产业，已成为台湾产业转型升级的一大阻力。比如，电子信息产业为了提升出口竞争力，在长期低成本、低价格的代工模式下，必然要求降低员工薪资等成本以避免成本上扬。这样，台湾的低薪难题始终难解，服务业等产业升级举步维艰。另外，从人才到水电等资源，当局都确保优先满足半导体产业发展，半导体产业可谓是"集万般宠爱于一身"，对台湾新兴产业的发展和传统产业的转型带来极大排挤效应。

目前台湾半导体产业在全球产业链中依然举足轻重，先进制程的高端芯片傲视群伦。但着眼长远，在全球各大主要经济体日益重视发展半导体产业自主供应链的趋势下，过于单一而失衡的产业结构始终是市场狭小的台湾经济发展的一大隐忧。美国半施压半邀请台积电赴美国设厂就是一例。台湾的贸易顺差中很大一块来自半导体产业，台积电这样的高科技大厂出走，融入当地供应链，必然导致台湾几十年来的贸易结构发生改变。

小确幸

这些年来，"小确幸"一词在台湾社会尤其在年轻人中颇受欢迎。笔者行走岛内，也常听到这一说法。

百货超商打折促销的广告强调给消费者带来小确幸；消费者排队两个小时终于买到自己喜欢的小吃也称之为小确幸；晴好天气时，和朋友去郊野散步爬山，也会被当成一种小确幸。

简单来说，小确幸是一种获得"小而确定的幸福"后的心理满足，但更多时候是与消费有关的物质满足状态。

有人认为，台湾年轻人追求小确幸，彰显他们没有强烈进取心，对个人和社会发展均不利。也有论者称，个人对生活价值的取向，只要无碍他人，不应该被批评。

在此，笔者无意对追求小确幸的思潮和行为进行臧否评价，只试图分析这种追求的成因和社会背景，也有助于了解台湾社会的一些特征。

首先要说，追求小确幸与台湾社会进入后工业阶段的成熟发展状态是相关联的。小确幸这个词虽然出自日本作家村上春树的散文，并在日本社会兴起，但也契合了台湾社会的思潮脉络。

前文已述，经过几十年的发展，台湾在 20 世纪 90 年代已经迈入中高收入经济体，也进入了后工业化社会。经济发展告别中高速发展，社会发展也就告别了大变革、大发展的剧烈变化期。再加上台湾是一个海岛，这样的地理环境也一定程度决定了人们对海岛以外的世界关注度并不高，生活相对稳定，维持现状成为社会的普遍心态。台湾 20 世纪 80 年代以后出生的人，在人生成长经历中基本未经历激烈的社会大变动，稍微剧烈的社会冲突大多也是在媒体上看到。因此他们对触手可及的小确幸更加在意和珍惜，稍微大一些的改变甚至会让他们感到害怕。

2014 年 3 月 "反服贸学运" 爆发时，笔者在 "立法院" 周边问参与活动的学生：为何反服贸？除了认为国民党 "立委" 审议服贸协议的做法不符合程序正义外，学生们的说法基本是民进党恐吓台湾社会的那一套：签署服贸协议后，大陆劳工会进来，台湾年轻人更加找不到工作，等等。

这种对开放带来改变的恐惧，也是小确幸思潮的温床。

其次，台湾年轻一代普遍拥有过上小确幸生活的经济基础。年轻一代的父母辈多出生于 20 世纪 50 至 70 年代，经历和创造了台湾的经济奇迹，通过自身打拼积累了相对丰厚的家庭财富。年轻一代不需要大理想、大打拼，凭借父母的积蓄，也基本可以过上普通的生活。

笔者在台北曾遇见一位台商。他大学刚毕业就和几位伙伴在20世纪80年代末奔赴大陆发展，20多年中，他的奋斗足迹遍布广东、上海、天津等地，工厂规模不断壮大。谈及自己的子女，他感叹说："他们吃不了苦，留学后就不愿意回来了，宁愿留在外面过上班族的生活。"眼见退休年龄将至，孩子不愿意接班，他只能把工厂卖给更大规模的台商。

这是在很多台湾家庭存在的情形。父母一辈的艰辛勤劳创业积累的财富，为年轻人成长创造了很好的条件，但年轻人不愿意选择父母那样的生活。没有生意成败压力的上班族生活，是很多年轻人的选择。

最后一点，面对台湾经济社会发展现状，小确幸也反映出年轻人难以改变个人境况的无力感和无奈心态。

台湾的薪资近二十年来基本原地踏步，但房地产价格、房租却大幅上涨。从李登辉后期开始的"广设大学"教育改革导致高等教育严重过剩，高中毕业生90%以上选择读大学，绝大部分大学毕业生又只能进入服务业就业，但服务业转型升级缓慢，吸纳毕业生能力有限，导致毕业生供过于求，年轻人薪资呈停滞困境。年轻人除了饱受薪资冻涨、房价高涨的痛苦，更苦于缺乏向上流动渠道，失业率居高不下，青年失业率长期维持在台湾平均失业率的3倍左右。

因此，年轻人靠着父母资助，自己再找份工作养活自己不难，但要结婚、买房，尤其若想在台北、新北等都市圈买房，在低薪困境下变得更加艰难。作为浅碟型经济体，台湾市场小容量有限，各行业发展早已稳定成形，要靠创业突起也不容易。沉重的现实，年轻人无力改变，拥抱小确幸也成了不给自己找烦恼的当然心态。

与年轻人接触多了以后发现，很多年轻人虽然没有买房，薪资也不高，但他们的心态却比较平和，对未来似乎没有焦虑感，也没有特别的规划。

在台北等都市，很多年轻人和恋人在一起生活多年，感情稳定，但并不打算结婚。问他们为何这样，原因基本无外乎无钱买婚房，结婚以后生活成本更高。但他们也没有做出改变的打算，就是正常上班、下班，保持着时常享受身边小确幸的生活习惯。不少人结婚后也不敢要小孩，因为养育孩子成本高，难以承受。

也因此，台湾人口增长数和增长率近些年来不断下探新低。2019 年底，台湾地区户籍登记人口为 2360.3 万人，较 2018 年底仅增加 1.4 万人，增幅为 0.6‰，人口增长数及增幅皆为历年新低。[①] 2020 年台湾人口总数为 2356.1 万人，比 2019 年减少 4.2 万人。人口自然增加率为负千分之 0.34，

----

①《台湾 2019 年人口增长创新低 老化指数不断攀升》，新华网，http：//www.xinhuanet.com/tw/2020-03/23/c_1125755998.htm，2020-03-23。

人口首次出现负增长。[1] 人口负增长的到来比官方前次推估提前了 2 年。官方预计，2025 年台湾将进入超高龄社会（65岁人口占比超过 20%）。

在吃穿用行等日常生活物价不算高的台湾，年轻人可以应付起小确幸的生活。对于未来，他们好像思考不多。不过，经济社会结构性问题，也不是他们的思考能够改变的。或许，他们也明白台湾朝野若能超越意识形态藩篱，致力于为台湾谋求更好的发展，年轻人其实会有更广阔的前景。然而，如前文所述，在持分离主义立场的政党和政治人物操弄下，政治凌驾经济理性导致台湾经济裹步不前。若有心改变这样的困局，年轻人其实有较大话语权，只是这个群体尚未展现力求改变的集体理性力量。有些年轻人在绿营长期"洗脑"和唆使下，甚至扮演了阻碍社会理性讨论的消极角色，这对于年轻人群体、对于整个台湾的长远发展来说，都是遗憾的。

---

① 《2020 年台湾人口首次负增长》，新华网，http：//www. xinhuanet. com/2021-01/08/c_1126961418. htm，2021-01-08。

第三章

伤痕与错乱

八田与一是谁?

八田与一是谁?大陆读者并不熟悉。在他的祖国日本,他也并不知名。在 20 世纪 90 年代中期以前,台湾绝大多数民众也并不知道这号人物,但他如今在台湾却享有从被写进教科书到专辟纪念园区的崇隆地位。这个日本人的"崛起",可揭橥过去二三十年来岛内史观在当权者操弄下的转变与错乱。

2017 年 4 月 15 日凌晨,位于台南市乌山头水库的八田与一铜像被"砍头"。台南市警方接获报案后迅速成立专案小组进行侦办。17 日,警方即将两名涉嫌者送交台南检警侦办。18 日,时任台南市长赖清德用日文书写信函向日方报告铜像状况并致歉。事件发生 12 天后,受损铜像经抢修以复制品修复。5 月 7 日,赶在八田与一忌日的前一天,台南市政府等机构为新铜像举办揭幕仪式，赖清德出席并称台日感情不会受到影响，比以往更好。

2017年6月26日，台南地检署侦查终结，依毁损罪嫌对两名涉嫌者提起公诉。翌年3月，台南地方法院一审分别判处两人5个月有期徒刑和4个月有期徒刑。6月，两人上诉被驳回，二审确定。

在台湾，一些案件发生后往往需要冗长的处理程序，拖上几年司空见惯，甚至还发生过一些被判刑、被通缉的案犯不服刑而逍遥法外的事。八田与一铜像被破坏事件的处理速度可说是异常高效的，这也可见八田与一在被认为是深绿大本营的台南所受重视的程度。

事实上，不仅是深绿的台南。在如今的台湾社会，八田与一已经被塑造成"台湾水利之父""嘉南大圳设计者"（圳是闽粤方言，即灌溉用的水渠）。在台湾拍摄的某些影视剧中，即使与内容情节毫无关系，他却被适时出现接受欢呼和膜拜。在台湾中学历史教材中，八田与一甚至被提升至和郑成功一样"都是台湾史上重要的历史人物"[①]。

八田与一（1886—1942）究竟是一个什么样的人物？持平而论，他只是一个日据时期来到台湾的日本工程技师。

他大学毕业即赴台，前后在台湾为日本殖民当局效力32

---

①台湾高中教科书历史第1册，台南：南一书局，2019，第13页。

年。在此期间，根据日据时期台湾总督府要求，他参与规划和建设嘉南大圳、乌山头水库，使得台湾嘉南平原拥有了较先进的水利灌溉系统，提高了嘉南平原的粮食产量。也因此，他几次被日本天皇授勋。1942年日本侵占菲律宾后，军方聘八田与一为"南方开发派遣要员"，前往菲律宾进行棉作灌溉设施调查。途中，他所乘日本邮轮被美军鱼雷击沉，八田与一死亡。

从这些史实可以看出，作为一名工程人员，八田与一在台湾地区和二战中奔赴菲律宾的主要任务，都是通过改善当地灌溉设施从而提高粮食产量，为日本本土工业化和不断拉长的对外侵略战争提供物质资源。所谓通过建造水利工程来造福当地百姓，从来就不是他的使命。

也因此，日本投降、台湾光复后的相当长时间内，八田与一在台湾社会鲜少被提及。在他的祖国日本，他也如二战期间众多葬身海外的日本人一样，淹没在历史中。

但李登辉就任并逐渐掌握大权后，开始在台湾中学《认识台湾》教科书中新增对八田与一的"贡献"介绍。此后，台当局历任领导人陈水扁、马英九、蔡英文均对八田与一多加颂扬。马英九任内推动兴建了八田与一纪念园区，并亲自出席园区启用仪式。马英九的这一举动被一些蓝营学者和台湾民众质疑美化日本殖民历史，马英九却多次声称对日本据台的历史一向采取"就事论事，恩怨分明"的态度。①

在这些政治人物的推波助澜下，加上日本社会受台湾"启发"而"挖掘"八田与一在台"丰功伟绩"的书籍不断被翻译在台销售，台湾社会不分蓝绿开始出现越来越多肯定八田与一"贡献"的论调。每年5月8日八田与一被炸身亡这一天，台南市政府官员会在八田与一的铜像前举行追思纪念仪式。台当局领导人或副手有时也出席纪念活动。就这样，作为日据时期日本在台殖民当局官僚系统的一员，作为殖民者的一员，八田与一如今在台湾却被神话成了对台湾发展做出过重大"贡献"的工程师。

对于八田与一会有这样的评价，正是台湾社会复杂历史观的典型表现，也是台湾去殖民化尚未完成或说恋殖思潮一定程度回潮的典型案例。

对八田与一的褒扬是荒谬的。简单说，这就相当于一伙强盗侵入并占据了某个村子，为了在这个村子生活得舒服并更方便把村里财产往外搬运，他们在村子里修整了马路。后来，村民费尽力气终于赶走了强盗，难道还要感谢强盗曾经为村里修整了马路吗？

八田与一奉命参与建造嘉南大圳，虽然客观上给嘉南平

---

① 陈永丰：《八田与一水利 嘉惠台湾人民》，台湾《中国时报》，2013-06-19。

原农耕带来了长时间的便利，但以"结果论"来美化殖民者的掠夺动机和行为，显然是历史观的病态。

日本 1895 年通过《马关条约》割占台湾后，利用从清政府获得的巨额赔款，大力发展本土工业。工业化的扩张，吸收了大量原本从事农业的劳动力，也挤占了对农业的投入。因此，日本需要台湾地区、朝鲜等殖民地为其工业化发展提供农业支撑，这就形成了"工业日本，农业台湾"的格局。

不管是发展糖业，还是稻米业，台湾都是在日本殖民当局的规划下，为日本的发展和战争（包括一战、二战）提供与日本互补的资源罢了。

对强行占据的殖民地进行必要的基础设施建设，目的只是为了让灌溉更方便，更好地提高粮食产量，以便日本从台湾掠夺更多物质资源。让殖民地人民接受一定的教育，殖民者的目的也是为了与当地民众更好地交流，从而提高当地人民的技术水平和生产力而已，也是为了用殖民者视角的教育来培养忠于殖民当局和日本的精英阶层。否则，日本殖民者和当地老百姓语言都不通，如何相互沟通？殖民者如何向台湾民众灌输日本"大东亚共同圈"等谬论？日本在台湾的殖民统治，断无可能把台湾的需求放在其殖民政策考量中。

试举一例，当年日本人觉得台湾产的在来米不合日本人口味，日本技术人员就通过引进日本米种加以改进，于 1922

年培育出了口感更好的蓬莱米。这种米受到日本人和台湾地区民众的欢迎。但是，蓬莱米在台湾生产后，却大量被运往日本，台湾民众只能吃价格更低的米和番薯。

参与建造嘉南大圳时，八田与一是日本殖民当局台湾总督府农务课兼专卖局技师，他受命于这一工作的目的，当然不是为了造福台湾农民和台湾社会。配合日本殖民政府需要，用更先进的技术和手段，利用台湾这块土地生产和掠夺更多资源才是他的使命。嘉南大圳1930年建成之后嘉南平原稻米产量开始增加，但1935—1938年间，台湾农作物有高达50%以上被运送到日本，一般的台湾百姓并没有因为嘉南大圳而吃上白米饭，他们只能吃番薯签果腹。①

在日本东京大学取得法学学位，专长于日本研究的台湾大学法学院原院长、原日本综合研究中心主任许介鳞教授研究指出，嘉南大圳建成后配套"三年轮作给水法"，更是驱使台湾农民奴隶化的措施。八田与一"三年轮作"的设计，就是以水的供给为手段，强制台湾农民分区，每年分别种甘蔗、水稻、杂粮，以配合每年都有甘蔗、稻米供应给日方，解决日方的"米糖相克"即有米无糖或无米有糖的难题。然

---

① 许介鳞：《日本殖民统治的后遗症：台湾 vs. 朝鲜》，台北：文英堂出版社，2011，第62页。

而，台湾农民却完全失去了选择耕种的自由。①

作为当年在台殖民统治机关的一名技师，八田与一当年只是参与建设嘉南大圳的其中一员而已，如今却在台湾被神化、被追思，这是台湾的"皇民"后代和日本人在台湾塑造话语权的"成功"之处，也反映台湾社会去殖民化成效不彰的悲哀。

日据时期，台湾社会的方方面面史料绝大部分都是由日本人记录留存的。作为殖民者，日本人理所当然地会大写特写那些"成功"和"光辉"之处，对于殖民历史的掠夺本质和不光彩之处，则避而不提。战后，日本社会不断美化其殖民历史，认为殖民统治给野蛮落后的台湾带来"文明"和"现代化"，奠定了台湾经济现代化的基础。

但研究者指出，其实，经过晚清多年的洋务建设，1895年日本据台前，台湾地区比日本经济富裕、产业进步。当时的日本社会比台湾地区更穷、更野蛮，日本强夺中国庞大的赔款并汲取殖民地的财富之后，才渐渐"富国强兵"起来。②

荒谬的是，从李登辉时期开始，台湾的政商学界开始充

---

①许介鳞：《日本殖民统治的后遗症：台湾 vs. 朝鲜》，台北：文英堂出版社，2011，第62页。
②许介鳞：《日本殖民统治赞美论总批判》，台北：文英堂出版社，2006，第3—8页，第31—33页。

斥肯定甚至赞美日本殖民统治的论点。陈水扁"执政"时期正式取消了纪念台湾光复的"光复节"，马英九上台后也未恢复这一节日。中学历史教科书上，"日据时期"被改成了"日治时期"，"台湾光复"被写成"终战"。要指出的是，"终战"完全是一个日本史观用词，是日本歪曲二战和美化其在二战中侵略行为的用语。甚至日据时期的台湾历史，在公元纪年后还用括号加注日本天皇年号的纪年，比如，1904年被标注为"明治37年"①，而不是"清光绪三十年"。凡此种种，族繁不及备载。

日本与韩国的学者共同比较了东亚的历史教科书，得到的结论是：台湾地区的历史教科书，除了在政治面提到台湾人对日本的镇压有抵抗之外，不论经济、社会、教育、文化各方面几乎全面肯定地记述日本殖民地统治的"发展"面，而不去看基本上的"侵略""掠夺"面。②

掌权者和一些"台独"论者对日本殖民者的美化，岛内诸多学者直斥为"自我殖民"。台湾虽已于1945年回归祖国，两蒋时期"去殖民化"取得一些成效，但李登辉掌权后竟又出现倒退，"自我殖民"泛起，影响甚巨。台湾"去殖

---

① 台湾高中教科书历史第1册，台北：龙腾文化公司，2019，第140页。

② 转引自许介鳞：《日本殖民统治的后遗症：台湾 vs. 朝鲜》，台北：文英堂出版社，2011，第61页。

民化"依然是未竟之功。

经过长时间的选择性记录和美化，如今台湾社会的"亲日""媚日"氛围浓厚。从计程车司机到旅行社导游，从市肆业者到大学教授，笔者多次听他们谈起日据历史对台湾建设的"贡献"。有人说，台湾光复时，国民党军队衣着破破烂烂来接收台湾，在港口列队欢迎的台湾小学生却身穿裙子脚穿袜子皮鞋，他们第一次感受到"祖国这么贫穷"；有人说，台湾民众受教育水平高，是日本人当年打下的基础，等等。

2016 年民进党重新上台后，两岸中小学交流被民进党当局严加"关照"，但台湾绝大部分公立中小学早已与日本的学校建立姊妹校关系。

近二三十年来，日据时期殖民者在台的办公场所、宿舍等不断被挖掘出来并被当作文物保护。像八田与一一样，一些在日本国内并不知名的当年日本在台殖民者，其日据时期在台"事迹"不断被发现，并被冠以"台湾＊＊之父"而在台湾广受赞颂。在日本天皇生日时，一些台湾政治人物竟然还参加日本人在台湾举行的"天皇诞生日祝贺会"。

凡此种种，无不体现出台湾社会特殊的心态和历史观。五十年被殖民的历史伤痕和中华民族悲歌，台湾同胞受尽压榨和屈辱的血泪史，在这块 3.6 万平方公里的土地上好像变戏法一样以别样的样貌呈现出来。"日本殖民赞美论""日本殖民有功论""日本殖民现代化论"等谬论屡屡出现，日本殖民统治被一些人捧为奠定台湾现代化的关键，日本殖民掠夺统治被别有用心地描述为中性和文明的统治。

站在中华民族的角度，我们难以理解，也感到痛心，但这些错乱现象却是客观的存在。

何以至此，孰令致之？

有台湾学者一针见血地指出：随便问个大学生，你很可能会听到："日本人苦心经营台湾五十一年，蒋介石却横刀夺爱，赶走这个大恩人。国民党毫无建树，我们能有今天都要靠日治。"该怪他们无知吗？从李登辉开始，"台独"分子就知道操弄史观能够摆布选民。①

教科书之乱

认同根植于文化，文化以教育为载体。

学生从小到大接受的各学科知识中，历史教育对于民族身份认同和集体精神的养成，具有不可替代的重要作用。历史教育和传统文化教育，承载着启迪心智和承前启后的使命，历史告诉人们"我是谁，我从哪里来"，也启迪人们"我向哪儿去"。

---

①黄瑞明：《江启臣的不可能任务》，台湾《联合报》，2020-04-16。

清代思想家龚自珍说："灭人之国者，必先去其史。"作为受中华文化滋润成长的台湾倾"独"政党和政治人物，自然明白这番道理，因此他们也利用一切机会遂行"去中国史、建台湾史"的所谓"国族认同"建构工程。

从 20 世纪 90 年代中期以来，随着在台掌权政治人物和执政党的变更，历史教科书在台湾不断被修改，已变得面目全非。其中的主线，就是通过"去中国化"，剪断台湾子体与中国母体之间的联结，让"中国"变成"与台湾毫无关系的他者"。同时进行的，是不断增强台湾的"主体性"论述，力争构建台湾的"国族认同"。

这种"台独史观"的构建在台湾是一步一步渐进的。

1949 年国民党退踞台湾后，台湾中学教育使用的历史教科书，至今大致经过了四个阶段变迁。一是沿用 1948 年在南京颁布的课标，采用"本国史"与"世界史"来设置历史课程；二是李登辉掌权后开始加入"认识台湾"内容，将台湾史从"本国史"中分离出来；三是将台湾史、中国史、世界史并列；四是以台湾史为主，"中国史被并入东亚史"。

从 1949 年至 20 世纪 90 年代中期，两蒋时期以及李登辉执政前期，台湾中学历史课程内容大致不变，沿袭 1948年颁布的《历史课程标准》来编写。历史课程分为"本国史"和"外国史"两部分。初中历史课程，一二年级学习"本国史"，三年级学习"外国史"。高中历史同样分为"本国史"和"外国史"。"本国史"和"外国史"的课程比例偶有变动，但基本稳定。这里所指的"本国"，自然是指包括大陆和台湾在内的整个中国的历史，台湾史被纳入"本国史"中讲述。根据台当局规定，当时的教材由台当局教育主管部门编译馆统一编订，也就是"统编本"，民间书局不得编辑出版。"统编本"保证了教材的一致性、延续性和权威性。

这四十几年的历史教育和中文、地理等学科一起，在台湾发挥了重要的"去殖民化"教育作用，中华文化在岛内更加根深叶茂，"我是中国人"成为绝大多数台湾民众内心深处的认同。

笔者在岛内走访发现，在这几十年中国历史教育中成长的几代人（20世纪40—70年代出生），时至今日，对中华五千年历史依然较为熟悉。很多人对长江长城、黄山黄河有着陌生的亲切感，对大陆的重要地名及其特征并不陌生。两岸开放交流后，有人跨海而来，跑去那些在书本上念过的地名观光洽公；有人为了看看长安的城墙，去西安；有人在兰州看到黄河，会热泪盈眶。每每听到他们的这些经历，再对照当下台湾的历史教育，怎能不令人感慨、忧虑。

台湾初中历史教育的首次大变动，出现在李登辉掌握大权后的20世纪90年代中后期。以所谓"本土化"为目标的

"去中国化"教育从此在台湾逐步推进，对台湾社会产生深远影响。

1995年，台教育主管部门修订的"初中历史课程标准"增设了"认识台湾"的课程。根据这次修订，1997年开始，台湾初中生的历史课程中，初一学习"认识台湾"，初二学习"本国史"，初三学习"外国史"。"认识台湾"课程一般被认为就是"台湾史"。这样，"台湾史"就从"本国史"中分离出来，且在"外国史"课时未减的情况下，"本国史"课程所占学时被压缩至一个学年。除了历史，初中的地理和公民学科也开始设置"认识台湾地理篇"和"认识台湾社会篇"。

李登辉任内以多元化、自由化、民主化为名，取消了历史教科书由官方统一编订的惯例，推行所谓"一纲多本"的政策。出版业者根据教育主管部门订定的课纲，自行组织学者编撰教科书，送官方审定通过即可上市贩售。"统编本"变成了"审定本"，这一做法一直延续至今。于是，在不同的县市，甚至在同一县市不同的学校，采用的教材却不一样。

李登辉时期重用的"中研院"院士杜正胜，是台湾"去中国化"教育中一位重要角色，在陈水扁时期继续受重用并曾担任台当局"教育部长"，被公认为台湾教育不断"独"化的操盘手。此人主张"同心圆"史观，并被李登辉委以主导编辑初中"认识台湾"历史教材的重任，为在高中历史教材推出"台湾史、中国史、世界史"分野，种下了祸根。

杜正胜的所谓"同心圆"史观，是指强调以台湾为中心，地理空间由近及远，以"台湾、中国、世界"作为学生学习历史叙事的顺序。在这一史观下，台湾是核心，中国与荷兰、葡萄牙、日本等外来侵略者一样，对台湾而言只是"外来者"，中华文化对台湾而言也只是诸多"外来文化"的一种。

这种明显带有"台独"性质的史观刚抛出时，受到台湾各界挞伐。已故历史学家、台湾师范大学历史系原主任王仲孚教授指出，历史教学的"由近及远"应是时间的"由近及远"，例如先讲"现代史"，其次"近代史"，再其次"中古史"，最后"上古史"，而不是地理空间的"由近及远"。"先讲台湾史，再讲中国史，最后讲世界史云云，只能造成青少年历史认同错乱的结果，认为台湾史是'我们'的历史，中国史是'他们'即另一个国家的历史。"①

王仲孚教授的观点一语中的，揭露了"同心圆"史观的本质，就是要割断台湾与中国母体的联结。然而，尽管社会

---

①王仲孚：《台湾中学历史教育的大变动——历史教育论集二编》，台北：海峡学术出版社，2013，第5页。

各界质疑和批判不断，但在李登辉的支持下，杜正胜主导编撰的教材还是在台湾启用。李登辉卸任前通过的1999年初中课纲，刻意彰显所谓"本土意识"，大肆宣扬日本殖民者对台湾的贡献，将台湾人分成外省人、本省人等不同族群，挑起族群和社会对立冲突。这些歪曲的史观为陈水扁时期进一步建构"台独"史观奠定了基础。

如果说李登辉为"台独"史观教育做了足够的铺陈，开启了教育"台独"的进程，那么，陈水扁任内则让"台独"史观在台湾中学历史教育中确立。

陈水扁2000年至2008年在任期间，当局好几次修改课纲。杜正胜的"同心圆台独史观"在台湾教育尤其是历史教育中成为主轴。

经过几次处心积虑的折腾，陈水扁时期修订的中学历史课纲把延续几十年的"本国史"改成了"中国史"，"台湾史"单独成册。而"中国史"的内容只讲到明朝初期，明初以后的明史、清史都被划入"世界史"。潜移默化下，"中国成了外国，台湾则成为我国"。

根据"独"化的课纲，由"独派"学者编撰和审定通过的教材中，多少年来遵从"台湾是中国一部分"这一核心和灵魂内容的文字叙述不断被篡改。比如，凡是大陆地名一律加上"中国"二字。"我国最高峰圣母峰（珠穆朗玛峰）"改为"玉山"，"日据时期"被改为"日治时期"，

"抗日战争时期"改为"二战时期","中日战争"改为"日清战争","台湾光复"被改为"终战"或"战后"……

这一时期的中学历史教育宣扬"台湾地位未定论",美化日本侵华战争,甚至妄称台湾"慰安妇"为自愿,刻意割断台湾与母体中国的联系,遭到社会强烈质疑和反对,但没能阻挡杜正胜主管"教育部"时强硬推动实施。由于"台湾史"授课时间增加,"中国史"的内容被一再压缩。

2008年,马英九以空前得票率替国民党赢回执政权。面对社会要求调整课纲的强烈呼声,马英九时期"为了社会和谐",只是进行了"课纲微调"。这些"微调"包括将"原住民"改为"原住民族","郑氏统治"改为"明郑统治","日本统治"改为"日本殖民统治","接收台湾"改为"光复台湾","荷西治台"改为"荷西入台","慰安妇"改为"妇女被强迫做慰安妇",等等。

但即使是如此微幅的调整,仍然遭到绿营及其侧翼的强烈反对,绿营"执政"的县市甚至集体反对。面对压力,国民党执政当局选择了妥协,宣布新旧教科书并行,尊重各校自主选择书本或自编教材,官方不做干预。

2018年10月,台湾多位历史教师发起的"历史教育新三自运动"研讨会上,已经卸任两年多的马英九出席致辞时称,他在任内推动的"微调课纲",修正民进党第一次"执政"时的课纲史观。但为谋求社会和谐,修改地较为谨慎、温和，被批评未能完全拨乱反正，他深自检讨，认为确实努力不够，他在记者会上表达歉意。①

马英九的歉意或许是发自内心的，但回头看，遗憾的是，他确实错过了近30年来最好的拨乱反正机会，台湾历史教育在"教育台独"的路上越滑越远，中华文化的主体性也不断被侵蚀。

蔡英文2016年上台后，迫不及待地废除了马英九时期的"微调课纲"。经过不断筹划，2019年正式付诸实施的"新课纲"，被称为台湾有史以来最"独"课纲。台湾学者斥之为"教育台独"的完成式。②根据这一"新课纲"，台湾高中历史课程的学习内容变成了"台湾史—东亚史—世界史"，"中国史"彻底不见，"中国成为他国"，被划入"东亚史"。

2019年秋季学期，根据"最新课纲"编写的中学历史教材《台湾史》经过台当局审定出版后在台湾各学校使用。

笔者翻阅龙腾文化和南一书局两家出版社出版的高一上学期台湾史教材发现，教材舍弃了传统上以时间（比如不同朝代）为轴线的正规历史教育方法，改成主题式（分为经

---

① 《教师发起"历史自己救" 马英九道歉：我努力不够》，TVBS新闻网，https：//news.tvbs.com.tw/politics/1016468，2018-10-25。

② 潘朝阳：《"教育台独"的完成式"2019课纲"》，《海峡评论》2019年10月号。

济、文化等）教学。高中的台湾史分为三篇或四篇，包括"多元族群社会的形成""经济与文化的多样性"以及"现代国家的形塑"等。每个篇章都会讲述台湾少数民族（教材称"原住民"）和日据时期，这样的内容编排方式，比照按时间线的历史教育方法，直接提高了台湾少数民族（教材称"原住民"）和日据时期在台湾历史教科书中的重要性。如果按传统正规历史教育法，日据时期仅50年，显然不足以满足当权者对日本的重视。

总体而言，2019年的"新课纲"延续了李登辉、陈水扁时期台当局的"去中国化"教育脉络，通过篡改台湾历史，从意识形态、民族情感上切断台湾和中国的历史文化联结，切割台湾人民对祖国的认同。比起李登辉、陈水扁前后20年的教育作为，蔡英文时期出台的这版课纲，"独"得更加彻底和明目张胆。

首先，它抛弃台湾长期以来的汉文化视角，改采所谓"原住民"史观，且否定大陆作为台湾少数民族（在台湾被称为"原住民"）来源地的可能性，将"南岛语族"抬升为台湾少数民族的祖先。

南一书局的教材是这样描述"原住民"的：

"台湾原住民族属于南岛语系，与大洋洲、东南亚其他同为南岛语系的族群关系密切，大约在六千多年前陆续移入台湾，最晚移入的是一千多年前才由菲律宾北上，今定居于兰屿的达悟族。"①

龙腾文化出版的教材也不遑多让：

"南岛语族是指使用南岛语言的民族，其范围北起台湾，南到纽西兰，西起非洲的马达加斯岛，东到智利的复活岛，人口约有三、四亿……南岛语族源于何处，众说纷纭。早期学者多认为来自亚洲东南部、南洋群岛或台湾。有相当多研究指出，台湾为南岛语族起源地。语言学家认为，通常源起地的语言差异较大，而台湾原住民族间的语言分歧大，故台湾可能是南岛语族向外扩散的起点……1990年代，台湾医界开始进行台湾住民血缘认定研究，发现台湾原住民与西太平洋的南岛语族，呈现相近的DNA特征，显示两地的南岛语系，具有相近的血脉渊源……"②

在所谓"原住民"史观下，曾经"统治"过台湾的所有统治者，包括西班牙、荷兰、郑成功、清朝、日本殖民者、国民党政权，都成了"外来政权"。这是教科书编撰者紧跟民进党分离主义意识形态，贯彻民进党当局构建"台湾

①台湾高中教科书历史第1册，台南：南一书局，2019，第17页。
②台湾高中教科书历史第1册，台北：龙腾文化公司，2019，第8—9页。

民族"认同的意识形态形塑工程。

近些年来,对于生活在台湾地区的少数民族的来源,学界基本上有两种观点:一是"西来",认为台湾少数民族来自我国华南的"南岛语族";二是"南来",认为来自南方海岛的"南岛语族"。专家认为,从台湾出土的石器、陶瓷等文物看,台湾少数民族来自华南的可能性更大。

然而,从上述内容可以看出,2019年秋季学期开始使用的《台湾史》教科书却率尔下定论,直接将大陆排除作为台湾少数民族来源的可能性,完全不提台湾少数民族与中国人的 DNA 等关系,只强调其和"南岛语族"的关系;全力抬高台湾少数民族的地位,这样的历史起源教育,目的无非是要割裂大陆与台湾的联系,将台湾人与中华民族断链。

事实上,中科院古脊椎动物与古人类研究所古 DNA 实验室研究团队联合多单位通过古基因组数据研究确认,福建及毗邻地区距今 8400 年的古南方相关人群,是南岛语系人群(现今主要生活在台湾岛及太平洋岛屿等地)的祖先来源,首次明确将时间追溯到 8400 年前,并确认整个东亚沿海族群之间都存在遗传联系。这一重要研究成果论文,2020 年 5 月 15 日获国际权威学术期刊《科学》以研究论文形式在线发表。[1]

①《古 DNA 研究确认福建及周边古南方人群是南岛语系人群祖先》,中新网,http://www.chinanews.com/gn/2020/05-15/9184972.shtml,2020-05-15。

第二是公然叫嚣"台湾地位未定论"。

龙腾文化出版的高一历史教材，用标题的形式出现了所谓"台湾地位未定论"的正文内容：

> "二战结束后，台湾由中华民国政府代表盟军接收，惟战后的主权归属，仍需留待国际条约订定后方能确认。1951年，同盟国与日本订旧金山和约，确认日本表明放弃台澎金马主权，但因中华民国（即当时的台湾国民党当局，下同）未参加旧金山会议，故美国于1952年协调中华民国与日本单独签订中日和约，依循和约的准则，并未提出台澎主权之归，这是'台湾地位未定论'的历史背景。"①

教科书中，除正文之外，更在边栏用"小百科"的形式，对明确日本必须将侵占的台湾等中国领土归还中国的《开罗宣言》和《波茨坦公告》进行注解：

> 开罗宣言与波茨坦宣言的性质：前者是类似"新闻公报"；后者则属于"公告"的意涵，两者都不具备国际条约的效力。②

---

①台湾高中教科书历史第1册，台北：龙腾文化公司，2019，第103页。

②台湾高中教科书历史第1册，台北：龙腾文化公司，2019，第103页。

几十年来，"台湾地位未定论"被"台独"势力及其支持者奉为圭臬，是"台独"论者的最主要理论依据，来源就是所谓的 1951 年"旧金山和约"以及后续日本与台湾国民党当局所签的所谓"中日和约"，称依据这两份所谓"合约"，日本只是放弃台澎金马主权，但并未提出台澎主权的归属问题，因此"台湾地位未定"。

这样的谬论竟然登上历史教科书，实在太荒谬，用心险恶。

必须指出，所谓"旧金山和约"是非法的、无效的。1951 年 9 月美国纠集有关国家在旧金山召开所谓"对日和会"，签署包含"日本放弃对台湾、澎湖列岛之所有权利和请求权"等内容的"旧金山和约"。

然而，中国政府并未参加所谓"对日和会"，且在"旧金山和约"签署后，中国政府立即发表郑重声明，"旧金山和约"由于没有中华人民共和国参加准备、拟制和签订，中央人民政府认为是非法的、无效的，因而是绝对不能承认的。"旧金山和约"违反了 1942 年中、美、英、苏等 26 国签署的《联合国家宣言》有关"各签字国政府不得单独同敌国停战或媾和"的规定，背着中国处置中国合法领土，是对国际法基本准则的公然践踏。依据国际法惯例及《维也纳条约法公约》，"条约非经第三国同意，不得为该国创设义务或权利"。所以，"旧金山和约"根本无权处置台湾主权归属等任何涉及中国作为非缔约国的主权权利和领土，即便做出规定，也是非法处置中国领土主权，不具有任何国际法效力。

事实上，当时同样未参加所谓"对日和会"的台湾当局也发出声明不承认这一所谓"旧金山和约"。

台湾和澎湖列岛在 1895 年被日本通过《马关条约》强行割占。1943 年 12 月，同盟国中美英三国共同发表的《开罗宣言》规定，日本应将窃取于中国的包括东北、台湾、澎湖列岛在内的土地归还中国。1945 年 7 月二战结束前夕，中美英三国签署、苏联后来参加的《波茨坦公告》第八条载明"开罗宣言之条件必将实施"。1945 年 8 月，日本天皇宣布接受《波茨坦公告》之后，无条件投降。1945 年 10 月 25 日，中国政府宣告自即日起收复台湾、澎湖列岛，恢复对台湾行使主权。至此，台湾的地位无论作为法律问题还是事实状态，都在国际法上得到确认。

联合国大会 1971 年通过第 2758 号决议，承认"中华人民共和国政府的代表是中国在联合国组织的唯一合法代表"，并决定"把蒋介石的代表从它在联合国组织及其所属一切机构中所非法占据的席位上驱逐出去"。中日两国 1972 年邦交正常化时共同发表的《中日联合声明》（又称建交公报）第三条明确："中华人民共和国政府重申：台湾是中华人民共和国领土不可分割的一部分。日本国政府充分理解和尊重中国政府的这一立场，并坚持遵循波茨坦公告第八条的立场。"1978 年 8 月 12 日，《中日和平友好条约》签署，确认"联合声明所表明的各项原则应予严格遵守"。

在中国只有唯一合法代表的前提下，就意味着世界上只有一个中国。台湾是中国领土不可分割的一部分，是不容否认的历史和法理事实。

"台独"势力几十年来不时炒作的"台湾地位未定论"从历史和法理上皆不成立，且国际社会根本不认可，包括美国、日本在内现在已不再拿这一谬论说事。

事实上，二战后持续至今的国际秩序，基本也是以《开罗宣言》和《波茨坦公告》为基础所建构形成的。台湾若有政治势力认为这两份国际法文件不具效力，难不成要推翻现行国际秩序？

此前多年，"台湾地位未定论"虽被"台独"势力死抱，但毕竟难登大雅之堂，现在却被公然写入历史教科书，祸心明显。

"新课纲"下历史教材的另一大特点，是抹杀中华文化和汉人对台贡献，抬高甚至神话日本殖民统治对台湾现代化作用。

除了采取主题式教育提高日据时期的内容比重，刻意压低几千年中华文化和历史的重要性和比例外，"扬日抑华"的基调和类似内容在教科书中随处可见。

比如，在日据时期（教材称"日治时期"）"文化与教育政策"内容部分，论及日本殖民者推动"皇民化运动"后果时，不忘予以肯定评价："在这些政策推动的同时，台湾岛上的各族群也因此建立起共同的语言与文化，有助于破除过去既有的族群界线。"①

对于日本殖民者在台湾推行"皇民化"，要求台湾民众学习日语等加强对日本认同的同化运动，教科书秉持正向看法，即所谓"因此建立起共同的语言与文化"。

那么，对于台湾光复后，国民党执政者在台湾推行的文化教育政策，教科书又有何见解呢？

对于国民党执政当局在台湾实行"去日本化、再中国化"和普及九年义务教育等文教政策的评价，教材有这样的论述："不过，政府推广国语的同时，也采取压抑方言与乡土文化的措施，造成母语流失的问题，不利于文化传承与族群和谐。"②

简单说来，教科书要传递给年轻学生的观点是：日本殖民者要求台湾民众学日语，对台湾是有好处的；台湾光复后，国民党要求台湾民众学中文用中文，是压抑台湾乡土文化的。

---

①台湾高中教科书历史第1册，台南：南一书局，2019，第149页。
②台湾高中教科书历史第1册，台南：南一书局，2019，第152页。

日据时期台湾人民的抗日运动和日本殖民者对台湾百姓的残酷镇压，教科书多含糊带过或干脆不提。

对日据时期在台活动的日本人极尽歌功颂德之能事，但却贬低或直接无视对台湾有贡献的包括台湾人民在内的中国人。除前文提及的八田与一等日本人外，还将日据时期研究台湾风俗的学者伊能嘉矩奉为"台史公"①，却只字不提连横撰写的《台湾通史》。在介绍经济发展主题时，南一版教材配上清晰照片介绍日据时期在台研发蓬莱米的日本学者几永吉②，但是对那些在战后台湾经济发展和腾飞中扮演重要角色的国民党官僚，完全不提。

综观根据"新课纲"编写的2019年新版《台湾史》教材，编撰者主要想告诉台湾中学生以下观点：

"一是台湾人的祖先是南岛语族，DNA也相似，台湾人与中国人没有关系。郑成功、清朝、国民党当局和日本殖民者一样，都只是曾经统治过台湾这块土地的外来者。"

"二是近代以来尤其是台湾的现代化基础，主要由日据时期奠定，和曾经大力建设台湾的清朝刘铭传等中国人没有关系。日据时期，台湾在文化、经济等各方面都取得很大成就。"

---

① 台湾高中教科书历史第1册，台南：南一书局，2019，第20页。
② 台湾高中教科书历史第1册，台南：南一书局，2019，第78页。

李登辉、民进党几十年处心积虑推动"去中国化",赞美日据时期的建设成就和对日本殖民者歌功颂德是相辅相成的。在历史教育中抬高日本殖民统治在台湾历史中的重要性,是为了更好"去中国化",让学生从内心逐渐抹去对"中国"的认同。所以,教科书必须传颂八田与一对乌山头水库、嘉义大圳的建造贡献,并将其吹捧为"台湾水利之父"。但对台湾1945年光复后中国人自己兴建的蓄水量远大于乌山头水库,对台湾经济发展和民生有着更重大影响的新北翡翠水库、嘉义曾文水库和桃园石门水库,它们的建设者,教科书中却不见只言片语记载。如果将国民党当局与日本殖民当局都视为"外来政权",却又为何厚此薄彼?无它,还是为了"去中国化"。

三是中华文化与台湾"多元文化"中的其他文化"相同",对台湾并无特别影响力。

四是强调"现在的台湾是我国,与中国没有关系。台湾面对中国的威胁"。国民党在台执政时期,两岸经贸合作存在很多问题。

整体而言,这套教科书的目的是为了赋予"台独"以正当性,站在"台湾民族"的视角来书写《台湾史》。但仔细审视,其内容述说充满逻辑结构缺陷,与民进党长期以来诉诸的"台独"理念主张也存在矛盾和冲突。

比如,教科书的编撰者因为担心以汉人为主体的台湾社会中存在的"大中国意识"成为"台独建国"的障碍，因此从种族民族主义角度宣扬台湾少数民族（台湾教材称"原住民"）与中华民族无关，还引用基因研究的证据，试图证明台湾汉人也有台湾少数民族血统，以此与中华民族做切割。

但这一论述存在内在矛盾。

长期以来，"台独"论者在台湾宣称，"正港台湾人"——早年从福建南部移民台湾的汉人，是台湾的"主人"，以此排斥1945年台湾光复后特别是1949年前后来到台湾的"外省人"。

然而，教科书强调台湾人在血缘上与中华民族存在"显著差异"，这实际上抬高了台湾少数民族（台湾教材称"原住民"）比明清以来的汉人移民在"独立建国"中更加具有正当性，台湾少数民族才是台湾这个岛屿的"原始主人"，这对"独派"认为应该主导台湾"独立建国"的"正港台湾人"无疑构成了直接的"合法性"威胁。很明显，如果按照教科书的内容主张台湾少数民族因血缘"相异"而与中华民族"无关"，那么占台湾人口绝大多数的汉人必然会因血缘相关而与中华民族产生联结，即使经过在岛内几百年的生存发展后，少部分汉人后代因为通婚有了部分台湾少数民族血统，但其正当性还是不如台湾少数民族，因为"正港台湾人"的血液中依然流淌着不属于台湾人的祖先台湾少数民族的血液。

过去几十年，民进党和"台独"论者常借台湾少数民族来宣扬"台湾主体性"，但经常遭到学者和台湾少数民族以实据批评其并未真诚看待少数民族，反而长期漠视少数民族发展利益。若真以血缘为论据，就应该接受台湾少数民族主导"建国"，或接受台湾少数民族在台湾的某些区域"独立建国"。这显然是民进党和"台独"论者无法答应的。

为什么会有这种矛盾？因为"台独"论者确定所谓"正港台湾人"的依据是"先来后到"的时间顺序，1945年后来台湾的皆为"外省人""外来政权""中国流亡者"，1945年以前来台的汉人才是"正港台湾人"。但是，这个逻辑过不了台湾少数民族这一关，因为若按时间划分，台湾少数民族才是台湾这块土地真正的"主人"，明清以来从福建南部移民来台的汉人，都是"外省人"和"流亡者"。

众所皆知，台湾除了2%人口是台湾少数民族外，其余98%居民祖先都是来自大陆各地，先来后到而已。其中约70%居民祖先来自福建省各地，约14%来自大陆客家地区，约14%是1949年来自大陆各省份，如果问起祖籍，大家祖先都是来自大陆。① 许多台湾民众去世后的墓碑上，记载着大陆各地的地名和堂号，表明祖先来自大陆何处。既然都是

---

① 邓岱贤：《"台湾人认同"绝不同于"台独认同"》，台湾《大华网络报》，2020-07-08。

不同时期从大陆移民而来的汉人，当然属于中华民族的一分子。"台独"论者要硬拗台湾人与中华民族"无关"，种种混乱、矛盾自然显露。

翻阅新编历史教科书，也能发现不少矛盾表述。比如，民进党称"清朝"为"清治"，但在教科书中却是"清朝""清治"交换使用。原本正统、规范的历史教育，出于政治目的进行扭曲后，内容出现各种内在混淆，是无法避免的。

遗憾的是，新教材在 2019 年秋季学期付诸实施后，除了一些历史学者和统派学者公开反对，在整个台湾社会并未激起大的涟漪。2019 年下半年，随着 2020 年初"大选"的临近，整个台湾社会沉浸在选战攻防的狂热氛围中，历史课纲之类小之又小的事，是不会有人关注的。

2020 年 9 月秋季学期开学后，初中八年级（初二）的师生终于见到了根据 2019 年课纲编写的"东亚史"，中国史被编入了东亚史。

在大幅压缩中国史的新编课本中，根据"略古详今"的要求，唐代（含）以前的中国史删到面目全非。约 1500 字就讲完"商周到隋唐的国家与社会"历史。精彩的楚汉争霸、三国史基本消失，汉唐盛世也挤不进"一字千金"的历史课本。

这样的历史教育下，台湾的初中生将很难明白"四面楚歌""无颜见江东父老""说曹操，曹操到"等成语的来源和详尽解释。对台湾常见的关公庙里供奉的"关圣帝",年轻的学子们也不知道来自何方。

这样的历史教科书,无疑是要向台湾年轻一代灌输"中国史只是东亚史一部分而已"的观念,彻底斩断台湾与母体中国的文化与历史联结。

2020年初"大选"结果,蔡英文以大赢260多万票的优势胜选连任。岛内舆论和专家普遍认为,蔡英文在"执政"不力的情况下,还能赢得选举,一个重要原因就是以"首投族"为代表的年轻人一改往常投票率不高的习惯,他们倾巢而出投票并且绝大多数把票投给了蔡英文。

而这批"首投族"正是在"去中国化"课纲教育下成长起来的新一代年轻人。2020年"大选"结果,表明民进党开始进入过去20多年来岛内"去中国化"教育的"收获期"。从李登辉执政后期也就是20世纪90年代中期开始,经过多次课纲调整,台湾的历史、地理教学内容已经实现以台湾"本土化"为主,对大陆历史、地理、人文、经济、社会等介绍篇幅少之又少,且对大陆的介绍往往集中在"问题",对发展成就甚少着墨。在不断推崇"本土化"和"去中国化"的教育下,台湾青年人对大陆的认知不甚清晰甚至存在误解,对两岸同属一个中国的认同也降低了。

在这种持续割裂和"去中国化"课纲教育下,日据50年成了台湾几百年以来的"治理典范"并"奠定了台湾现代化基础"；1949 年退踞台湾的国民党当局是"外来政权"，中国成了"外国"，台湾是"我国"。历史上发生的清朝被迫割让台湾予日本和台湾人民"二二八"起义，被政治力量反复刻意操作消费，挑拨族群仇恨，营造历史和受害者悲情。民进党和"台独"势力着力的"台湾主体性"和"自我认同"工程不断往前推进。这样的史观，深深影响了岛内如今大多数 40 岁以下的年轻世代。

台湾嘉义大学历史系吴昆财教授曾经跟笔者讲过一个他自己亲历的故事：

每年本校的第一学期开学日，总会遇到属于中国人的中秋佳节。就在某个学期的课堂上，也欣逢中秋前夕，我有感而发问了班上学生，李白与苏东坡等人，究竟是否为"我国人"，还是"外国人"？此时，有学生举手问，何谓"我国"？我答道，不必仅限于政治或者是文化与民族的"我国"。令人讶异的是全班竟有超过八成以上的回答：李白与苏东坡均是"外国人"。于是，我接着说："明月几时有，把酒问青天，不知天上宫阙，今夕是何年……"，这首诗词是"我国"的，抑或是"外国"的？此时，全班默然。再回答时，竟有超过九成以上的学生认为《水调歌头》是"我国"的。

然而，并不是每个人都像吴昆财教授这样有智慧且愿意

为中华文化鼓与呼。在混乱的课纲教育下，台湾年轻人的
"国族认同"就这样生硬地被切割。

政客之乱

一些政客除了挥弄手中权力更改课纲，日常更是利用各
种公开场合鼓吹错乱史观，对台湾社会认同的"毒化"堪称
厥功甚伟。

这其中，年轻时有着日本名字"岩里政男"的李登辉，
罪行可谓是罄竹难书。

李登辉在岛内外以鲜明的"亲日派"形象示人，曾多次
公开发表"钓鱼岛是日本的""台湾人感谢日本统治"等媚
日言论。2000年卸任后，没有党政职务的他先后九次访日，
喜以日语演讲，"反中""媚日"言论更加肆无忌惮。

2015年抗战胜利70年前夕，李登辉在接受日本某刊物
专访时称：70年前，"日本和台湾是同一个国家"，故台湾
抗日不是事实。他还大谈二战期间和其兄长李登钦志愿参加
日军作战的历史，称其兄弟二人"是以货真价实的'日本
人'的身份为祖国奋战"。[1]

---

[1]《台湾各界严正批驳李登辉再抛媚日言论》，新华网，http://
www.xinhuanet.com/politics/2015-08/20/c_1116323317.htm，2015-08-20。

正是因为对全民族抗战顽抱扭曲认识，李登辉在任时对抗战纪念活动等始终保持"不同看法"。1999年10月25日台湾光复日，为纪念抗日战争胜利暨台湾光复54周年，当局在1945年举行台湾省受降典礼的中山堂前树立"抗日战争胜利暨台湾光复纪念碑"。

然而，当时身为台湾地区领导人的李登辉并没有参加当天的揭碑仪式，而是派他的副手连战主持揭碑启用典礼。"抗日战争胜利暨台湾光复纪念碑"14个字也由连战题写。这块纪念碑当时没有铭刻碑文，成了"无字碑"。直到2011年10月25日，由"抗日战争胜利暨台湾光复纪念碑"碑文委员会撰写的纪念碑碑文才落成，时任台湾地区领导人马英九和台湾抗日志士亲属代表一同为碑文揭幕。

在任不为"抗日战争胜利暨台湾光复纪念碑"揭碑，卸任后，李登辉却跑到日本去揭碑。

2018年6月，95岁的李登辉坐着轮椅远赴冲绳"和平纪念公园"主持所谓二战末期在冲绳战死的"原台湾人日本兵慰灵碑"的揭幕式。李登辉致辞时以日语演讲，仪式结束时，他还用日语三呼万岁！这块号称"慰灵碑"的大石头上只刻着李登辉所题写的"为国作见证"五个字。那么，李登辉内心认同的"国"是哪一"国"呢？从他对自己兄弟二人日据末期参军为日军作战的认识，恐不难推测。

李登辉题写"为国作见证"的碑石，旁边还竖有一座

"台湾之塔"。这座塔由"台独"团体和日本右翼团体资助所建，于2016年6月落成。"台湾之塔"四个字由时任民进党当局领导人蔡英文题写，并有蔡英文的落款署名。该塔落成之日，台湾一些"独派"分子和"立委"、外事人员赴冲绳参加落成仪式，并拍照在社交媒体大秀"功劳"。

"台湾之塔"的碑文上写着："为悼念二次大战中献身沙场的台湾战士，我们建立'台湾之塔'，在此摩文仁之丘、台湾战士崇高志节、埋没七十年无以彰显、殊感哀伤……当年日台战士皆为同袍、生死与共、荣辱同担。来自台湾英勇参战二十多万人中，三万人战殁，一万五千人失踪。无论时代如何变迁、族群国家如何分隔，凡牺牲一己性命守护他人之义举、不应被后世遗忘……"

碑文内容秉承了民进党和"台独"势力长久以来的异化史观，将日本和台湾地区之间殖民和被殖民的关系异化为"我们"的"共同体"关系，流露出"台独"势力自我殖民的浓厚"皇民化"思想。

如果不了解二战历史，仅从"台湾之塔"的碑文内容完全看不出日本发动了侵略他国的战争，反而会让人以为当年日本人和殖民地的台湾人团结一致打了一场场"崇高志节"并付出巨大牺牲的正义之战。这正是日本右翼势力多年来极力否定二战侵略他国的史观。

碑文所谓"当年日台战士皆为同袍、生死与共、荣辱同担"更是扭曲事实，完全埋没了台湾民众被日本殖民统治者强征从军且地位低下的凄惨史实。

日据时期，日本将殖民地的土地视为日本国的一部分，但台湾地区、朝鲜等殖民地的人民只是受歧视的二等公民。日本国内实施的法律称为"内地法"，台湾地区、朝鲜殖民地实施的为"外地法"。内地人与外地人之间不得互为转籍。在日本殖民当局推行"皇民化运动"中改名为岩里政男的李登辉宣扬他在二十几岁之前是日本人，其实在日本殖民统治下，他只是一个位处二等公民的殖民地人（外地人），日本人从法律上从来就没有把他当作日本国民（内地人）看待。

所谓"原台湾人日本兵"的说法更是混淆视听。日据时代，只有日本人才可当"日本兵"。二次大战早期，台湾人没有资格当"日本兵"，只能当"军属"或"军夫"，这两者都不是日军正式编制，按规定不准携带武器。在日军"军人、军马、军犬、军属"的序列中，"军夫"和"军属"只能算是附属日军的最低劳务阶层。"军夫"通常担任炊事、卫生、搬运兵站物品等后勤工作；"军属"则大多为中学校（即初中）毕业生，懂当地语言，担任通译、宣抚或调查工作。① 在薪资待遇方面，两者比日本兵差很远。

---

① 黄光国：《为"大日本帝国"招魂："台湾之塔"的媚日史观（上）》，台北《海峡评论》2019年1月号。

1942 年，日军在太平洋战争中逐渐处于劣势，兵力不足。日本开始通过洗脑、诱骗、强虏等方式招募台湾人当"志愿兵"赴海外为侵略战争作战，但"志愿兵"的待遇、职务仍低于"日本兵"。在前线，他们也受尽日军压迫，接受日军不愿意干的任务。碑文所谓"牺牲一己性命守护他人之义举"，试问：牺牲的是谁的性命，又是哪门子守护他人的义举？

来自台湾少数民族的李光辉，当年参军随日军赴东南洋作战。二战结束后，他仍躲藏在印尼的摩洛泰岛山区，独自生活近 30 年。1974 年被发现后才被送回他的故乡台东。当时日本政府发给李光辉的"补偿"远低于同一时期在关岛山洞被救出的两位日本兵。一些有良知的日本知识分子邀请台湾人向日本政府和国会提起诉讼，要求给予赔偿等，但 1982 年被东京地方法院驳回，理由是"没有法律上的依据"。后来在各方舆论压力下，1987 年 9 月，日本国会终于通过所谓"台湾住民援日本兵、军人、军属、战死者等之慰问金法律案"，决定可给予战死者慰问金，但对类似案件只能发给"补偿金"或"慰问金"，而不能给予"法律的赔偿"，便是因为：他们从来没有把殖民地的人民当作"日本国民"。①

---

① 黄光国：《为"大日本帝国"招魂："台湾之塔"的媚日史观（下）》，台北《海峡评论》2019 年 2 月号。

由此可见，二战期间，台湾人被日军征募后，在各方面都算不上"日本兵"，他们的凄惨境遇是台湾人民被殖民统治血泪史的一部分，哪来所谓"日台战士皆为同袍、生死与共、荣辱同担"?

这些史实，李登辉、蔡英文不了解吗？李登辉的"为国作见证"，是为哪一"国"？蔡英文同意"独派"团体所撰的碑文内容，那么，在她眼中，当年的台湾青年为何会丧身海外？

树立"台湾之塔"和"为国作见证"碑，真实目的当然不在为当年参加日军的台湾兵慰灵，而是要美化日据殖民统治，是典型的为日据时代唱颂歌的错乱史观。

对日本殖民者的歌功颂德，无论蓝绿执政时期，都在上演。

2015年4月逢《马关条约》签订120周年，这本应是包括台湾人民在内的中华民族的屈辱历史记忆。但就在当年3月，民进党籍的台中市长林佳龙宣布，将花200万元新台币修复原被放倒在地的"具有深刻的时代意义"的台中公园神社鸟居，让它重新竖立起来。还称，希望神社鸟居"成为台中人心中永远的地标，也能更获得台中人的认同，进一步重拾城市光荣感"。①

---

① 台中市政府官网，https：//www.taichung.gov.tw/959735/post，2015-03-06。

日据时期，日本殖民者在台湾严控民众修建传统寺庙，却大建神社，以纪念他们在侵占台湾过程中遭抵抗死去的殖民者，并把它们当作地方教化中心，强化效忠日本的皇民精神。

神社鸟居代表的是日本殖民统治者企图以强制手段消灭台湾社会的传统信仰，是台湾曾沦为殖民地的伤痛记忆和屈辱印记，代表的是"皇民化"的认同。但在民进党政治人物看来，它却要成为"台中人的认同"和"城市光荣感"。认同感错乱至此，恐怕当年在台湾犯下种种殖民恶行的日本殖民者，听了都会脸红。

在蓝营执政县市，类似的荒谬和错乱也时有出现。

2013年6月中下旬，台北市政府在北投公园6月17日将满"百岁生日"前后，举行了系列盛大庆祝活动。其中，尤以为"北投公园创建者"——井村大吉纪念碑揭碑的仪式设立最为隆重。

当时的台北市政府官员致辞称：1910年，时任日本殖民政府台北厅长的井村大吉，规划兴建北投温泉公共浴场及北投公园，随后于1913年6月17日北投温泉公共浴场及北投公园完工并正式开放。时值北投公园百年之际，台北市政府也选在天狗庵旧址邻近处，设立井村大吉先生纪念碑，纪念其对于北投公园的开创工作，井村大吉的后代也特别从日本远道而来参与盛会，一同见证北投公园百年来的发展。活动主办方还号召各界人士扮装"同乐",孙中山、梁启超、日本裕仁皇太子等纷纷"现身",共同参加北投公园大游行,"为北投公园祝寿,并期待北投下一个百年的精彩"。[①]

了解台湾被日本侵占历史的人们,对于台北市政府大势宣导这样一项活动,只能徒叹悲哀。

1895年4月清政府被迫与日本签订《马关条约》后,日军从今天的新北市澳底登陆进占台湾。在镇压基隆、台北等北部民众反抗后,日本殖民政府首任总督桦山资纪选在当年6月17日举行"庶政开始仪式"。此后占据台湾50年间,殖民者在每年6月17日都要庆祝"始政纪念日"。日本殖民者1913年选择将北投公园开放日选择在6月17日,也是为了庆祝他们的"始政纪念日"。这个日子,当然是包括台湾人民在内的全体中国人民的"国耻日"。

再来看北投公园的由来。

1910年,日军台湾守备军医部长藤田嗣章视察北投时,注意到当地的地热与温泉,遂主导兴建一以温泉作为疗养设施的医院,也就是日本帝国的"台北陆军卫戍疗养院北投分院"。温泉疗养院不只治疗了日本伤兵的身体,也抚慰了他们的思乡情绪。这些伤兵多数是踩在中国人头上,与俄国争

---

①台北市政府观光传播局新闻稿,https：//www. tpedoit. gov. taipei/News_Content. aspx？n=603755835E928BED ＆ sms=72544237BBE4C5F6 ＆ s=2D9831ACC3B8C4A6,2013-06-15。

夺中国东北势力范围时受了伤，再转到中国另一片被日本占据的土地上——台湾——疗伤。人为刀俎，我为鱼肉。这是中华民族的悲歌，也是台湾民众不在意的断简残编。1913年，在北投温泉的基础上，井村大吉规划、创建了北投公园。[1]

学者感慨：一个有尊严、有灵魂的民族，如果了解当年统治者设立公园的背景与动机，同悲尚且不及，何忍同乐？[2]

如今，台北对于殖民者当年兴建北投公园的目的，不再提起，而是着重介绍北投公园的辉煌过去、发展和规划。

笔者曾赴北投公园一探究竟。令人印象深刻的，除了游人赞叹的露天温泉，还有那一派日式风格的北投温泉博物馆。

博物馆内介绍北投温泉和该馆发展历史的影片，从头至尾透着对日据时期的浓郁赞美与怀念，影片的开头是这样说的：

"北投，曾经有段美好年代。那时，火车沿着温泉线进到新北投驿。往来之间，满是身着新潮西装、典雅和服的外来客……"

---

①林金源：《同悲尚且不及何忍同乐》，台湾《中国时报》，2013-06-17。

②林金源：《同悲尚且不及何忍同乐》，台湾《中国时报》，2013-06-17。

影片对日据时期北投温泉曾经宾朋满座、艺伎民谣"朝歌夜弦"的"辉煌"充满赞叹。但对1945年台湾光复回到中国怀抱后的论述，却是用第一人称以幽怨的语调这样开始的：

"唉……人说好景不长。1945年，台湾政局交替，褪去过往荣耀，我尝尽改名、挪作他用的种种心酸……"

1945年日本战败投降，台湾光复，竟被说成"台湾政局交替"。

这样的语境中，北投公园会如何向民众诉说过往，也就不再奇怪了。

类似现象不胜枚举。

篡改历史"脱中"

透过纷纷扰扰的乱象看本质，"台独"势力和倾"独"政党二三十年来持续美化日据殖民统治，极尽"亲日""媚日"，其目的并不是不切实际地幻想台湾成为日本的一个州县，而是为了"脱中"。

从更长的历史脉络看，进入近代史后，作为文明古国且曾长期位居世界文明顶峰的中国，国力开始下降。上千年来仰视并向中国学习的日本，看到中国被西方列强不断侵门踏户并屡屡得逞，加上日本自身也被西方坚船利炮打败，向来崇尚强者和实力的日本自"明治维新"开启"脱亚入欧"的近代化进程。所谓"脱亚",其实就是"去中国化",力争摆脱中华文化影响,改拜西方为师,实现西化。

1894年甲午战争清政府战败,随之而来于1895年签订的《马关条约》,深刻改变了日本长期以来对中国的观感和心态。日本不再视中国为"天朝上国",也加剧了西方列强和将自己视为西方国家的日本在华瓜分利益的狂潮。中国国力进一步衰颓,陷入积弱不振、任列强宰割的深渊。在战胜者西方列强的话语体系中,中国逐渐成为"落后""野蛮""腐败无能"的代名词。包括日本在内通过各种不平等条约从中国攫取巨大利益的帝国列强,在中国享有种种特权的洋人,对中国及其人民充满蔑视。

过去一百多年来,日本社会大多认为明治维新开启的"脱亚入欧"是其成功迈入世界大国的关键一步。惟依事实论,日本至今仍然深受中华文化影响。中华文化日益走向更广阔的世界。

同样的,台湾"独派"政党和政治人物多年来一步步修改历史课纲、篡改历史,不断上演美化殖民者的"亲日"言行,目的无他,只为"脱中"。他们美化日本殖民台湾史,把台湾从"殖民地现代化"塑造成直接"现代化"的飞跃,强调正是因为比中国更先进更强大的日本在台50年(刻意省去"殖民")统治,台湾才拥有更好的发展基础,台湾也因此很长一段时期比大陆发展更快，进而合法化日本殖民统治的"正当性"。不断强化台湾地区和日本的联结，其目的是切断台湾与中国的联结。

经年累月的"去中国化"教育，加上民进党和"独派"势力不断强化所谓"本土意识"，操弄"反中仇中"民粹，边缘化和打压主张统一、主张两岸融合发展和从事两岸交流的岛内团体和人士，导致这些年来在台湾公开支持甚至口头讲统一，很多时候竟成了一种风险。

试举一例。2013年6月下旬，时任花莲县政府民政处长周杰民因对入伍新兵讲了"两岸将来统一是必然的"等见解，就被台湾媒体和政治人物连续批评，最后被迫辞职。台湾当局当时尚处国民党执政时期。

这些年来特别是2016年民进党重新上台后，笔者在岛内与台湾民众交流时，常常发现各种不同交谈对象却常有共同的肢体动作：当他们想表达支持两岸交流、支持两岸统一的意见时，往往会先看看四周，然后压低声调说出自己的看法。

也就是说，讲"台独"没人管，讲统一却成了政治不正确。一般老百姓讲讲或许还可以，但公职人员、有些影响力的社会人士发表统一言论，往往会遭到围攻。一些熟识的友人坦诚：在民进党"执政"下，"绿色恐怖"笼罩，即便普通民众，若要讲支持统一、讲我是中国人，也需要很大的勇气。

长期混乱史观教育、政治人物的恶意扭曲，使得台湾社会对于历史认识产生混乱，制造和加深不同社会族群的对立和撕裂。一些年长的学者和有识之士不时投书报章，试图对台湾社会存在的错乱历史认同问题进行导正，呼吁正视历史教育问题。但这些呼吁往往难以引起较大反响，当权者更是置若罔闻。

关心两岸关系走向的人们对此不免忧心。有人认为，"去中国化"课纲和"反中仇中"教育出来的几代年轻人，对中华文化的学习和了解越来越少，对中华民族和中国的认同越来越低，对台湾和大陆同属一个国家的认知越来越模糊，加上年长者又不断凋零，两岸和平统一的前景似乎并不乐观。应该讲，这样的忧心不无道理。但在民进党"执政"和持续操弄下，"去中国化"教育和错乱史观暂难看到拨乱反正的希望。

也说"悲情"

台湾朋友包括一些台湾学者常说，要了解台湾社会的民意脉动，需要了解台湾人的悲情意识。确实，深入台湾社会不难发现，台湾人的悲情这一说法在很多方面常被提起。在介绍台湾历史的书籍、展览馆，常能见到"悲情"这一关键词。一些政治人物和学者甚至时常挑起台湾人的悲情这一话题，以彰显"爱台湾""为台湾好"的政治正确。

看多了听多了，笔者总结一下，存在于台湾社会的台湾人悲情的说法，主要来源包括以下几个方面：

一是称清朝中央政府不爱台湾，指李鸿章曾称台湾"鸟不语、花不香、男无情、女无义，弃之不足惜"。甲午战败后，清朝不顾台湾民众意愿，把台湾割给日本。

二是称台湾1945年光复回到中国怀抱后，在"二二八"等事件中，国民党当局这一"外来政权"对台湾精英和台湾"本省人"进行残酷镇压和杀害。两蒋时期实行"白色恐怖"残酷镇压台湾人，强行推广"国语"和中华文化，压制"台语"和台湾文化。

三是声称大陆打压台湾的所谓"国际活动空间"，令台湾处境艰难。

四是声称400多年来，在台湾这块土地上，前前后后历经西班牙人、荷兰人、郑成功、清朝、日本人、国民党统治，这些人统统都是"外人"统治台湾，感叹台湾人何时才能"当家做主"？

上述言论充斥、散布于岛内学术文章和媒体报道、政论节目，再加上政治人物推波助澜，久而久之，在台湾社会一定程度上形成了"这就是我们台湾人的悲情"的认知。

客观讲，因为历史、教育和环境等多方面因素，台湾民众确实有某种特殊而复杂的心态。随着两岸交流日益深入，大陆方面对于台湾社会这种复杂心态及其背后的成因，了解越来越深入，也理解台湾同胞因特殊历史遭遇和不同社会环境而形成的一些特殊情绪。

抛开情绪，我们客观分析，上述关于悲情的这些说法站得住脚吗？应如何理性公允地分析这些问题？

第一条讲的其实是台湾被迫割给日本的历史问题。第二条涉及国民党退踞台湾后在岛内实行"白色恐怖"统治的问题。第三条则涉及两岸关系问题。先分析前三条，再讲第四条。

关于台湾在《马关条约》中被迫割让给日本的历史，台湾一些政客操弄和挑起民众不满和悲情的主要说辞是："如果清政府喜欢我们，就不会把台湾割让。为什么不把其他地方割让给日本？"

其实这个问题应该换一个问法：日本侵略者为什么要强迫清政府把台湾割让给他们？

实际上，日本觊觎台湾甚早。日本国内很早就把台湾列入了对外扩张的范围，并且不时对台湾进行骚扰。

据台湾学者研究，早在19世纪中期，日本学者佐藤信渊、岛津齐彬与吉田松阴等就先后提出各种侵华方案。佐藤信渊认为统一万国之法，首在攻取中国之满洲，次第经略渤海、华中、华南，数年间底定全中国。岛津齐彬则主张"日本应早日取得福州和台湾及朝鲜，以强化日本国防"。吉田松阴则力倡"北割满洲之地，南收台湾、吕宋诸岛，渐示进取之势"。及后，在美国驻日公使德朗的挑拨唆使下，1874年日本借琉球漂流难民事件，出兵进占我国台湾恒春，事遭清廷逼退未果。①

中日甲午战争后，日本想要台湾，作为战败一方的清政府，哪有能力讨价还价？

事实上，《马关条约》中，中国除了向日本战争赔款2亿两白银，被迫割让的土地，包括台湾岛及其附属岛屿和澎湖列岛、辽东半岛。《马关条约》签订后不久，俄国、德国和法国为了自身利益出面干涉，日本才把辽东半岛还给清政府，清政府为此还向日本缴纳3000万两白银"赎金"。可见，清政府并不是独薄台湾，台湾和辽东半岛，都是日本想要的土地。

至于说李鸿章曾经说台湾"鸟不语、花不香、男无情、女无义，弃之不足惜"，目前看是让李鸿章背了锅。这段话未曾见诸任何清朝奏折、清日谈判文件或是史学材料记载，只是甲午战后流传下来的说法而已，这么多年来被台湾一些人士尤其是"独派"不断拿出来指责清政府对台湾的蔑视，借以挑动台湾民众的悲情。

---

①戚嘉林：《纪念台湾光复65周年之历史意义》，光明日报，2010-10-26。

回顾近代史，清政府甲午战败被迫签订屈辱的《马关条约》，是整个中华民族的"悲情"。台湾被割予日本，是同晚清当时赢弱的国力分不开的。弱国无外交！《马关条约》是加诸全体中华儿女的羞辱，是中华民族大家庭共同的历史遭遇。鸦片战争、八国联军火烧圆明园……从1840年以来外族入侵造成的种种屈辱，从来就不是哪一个省份、某一个区域同胞的痛苦，它是整个中华民族的痛！

《马关条约》内容传出后，全国上下一片反对声浪，甚至主张不惜再战。但作为战败一方，清政府终是无力回天，被迫屈辱签约，割地赔款。客观讲，清政府割让台湾、澎湖，不是"弃台"，而是屈辱性"失台"。

台湾被迫割让给日本后，台湾人民义不臣倭，展开了漫长而艰巨的抗日行动，北埔起义、林圯埔起义、苗栗起义、六甲起义、噍吧哖起义（即西来庵事件）、雾社起义等抗日斗争连绵不绝，展现希望早日赶走侵略者、回到祖国怀抱的决心。

前期武装抗日被侵略者残酷镇压后，后期的文化抗日等非武装抗日未曾停歇。据连横先生（国民党前主席连战的祖父）所著的《台湾通史》记载，1895年台湾被迫割出后，台湾同胞一再宣示，"愿人人战死而失台，决不愿拱手而让台"。1896年4月17日《马关条约》签署一周年，台湾诗人丘逢甲写下"春愁难遣强看山，往事惊心泪欲潸。四百万人同一哭，去年今日割台湾"。表达了台湾人民对台湾被割让日本的悲愤和悲痛之情。

前些年，在海峡两岸热映的电影《赛德克巴莱》，反映了台湾同胞抗击日本侵略者的史实。

1937 年全民族抗战爆发后，大批台湾同胞跨海登陆，与大陆同胞共御外侮，可歌可泣。

1945 年 4 月 17 日，《马关条约》签订 50 周年，台湾革命同盟会发表宣言："台澎同胞，为着求自由解放，为着伸张正义，为着保有民族正气，明知寡不敌众，继续奋斗，抗拒强暴。起初发动 7 年抗战，其次又是 10 年暴动，抗日反帝怒潮今日依然遍及台澎诸岛。50 年间牺牲 65 万人。虽然尚未成功，可是先烈的不朽精神仍不断鼓励着我们勇往直前，不达目的，决不停止！"[①] 彰显了台湾同胞可歌可泣的民族气节和真挚深沉的爱国情怀。

全国人民始终没有忘记孤悬东南的宝岛和台湾同胞。1941 年 12 月 9 日，中国政府发出《中国对日宣战布告》，其中明确提出："所有一切条约、协定、合同，有涉及中日之间关系者，一律废止。"一切条约，当然就包括《马关条约》。这一布告还郑重昭告中外：中国将"收复台湾、澎湖、东北四省土地"。

---

① 张海鹏：《台湾光复日月同辉》，台湾《观察》杂志 2020 年 10 月号。

二战进行中，1943 年 12 月，同盟国中美英三国共同发表的《开罗宣言》规定，日本应将窃取于中国的包括东北、台湾、澎湖列岛在内的土地归还中国。1945 年中美英三国签署、苏联后来参加的《波茨坦公告》也明确规定："开罗宣言之条件必将实施。"

经过艰苦抗战，中国人民取得了抗日战争的伟大胜利。1945 年 10 月 25 日，同盟国中国战区台湾省受降仪式在台北举行，受降主官代表中国政府宣告：自即日起，台湾及澎湖列岛已正式重入中国版图，所有一切土地、人民、政事皆已置于中国主权之下。

台湾人民被日本殖民统治 50 年的黑暗岁月，是整个中华民族的苦难。但这 50 年间，两岸人民守望相助、共同捍卫领土完整和民族尊严的历史，证明了全国人民并没有"不爱台湾"，台湾人民也没有怨怼"被祖国抛弃"。经过漫长的共同战斗，全体中国人终于赶走侵略者，两岸同胞终于团聚。

吊诡和矛盾的是，民进党和"独派"政治人物挑起台湾人的悲情时，时常把清政府割让台湾挂在嘴边，但是对于日本殖民统治台湾 50 年所犯下的罪恶，不但未见挞伐，反而如前文所述多加赞美。可见，对"独派"政党和政治人物而言，如何提出"悲情"，是视政治需要而定的。

第二个关于悲情的说法，主要涉及两蒋时期国民党当局在台湾的执政作为。

自从民进党建党以来，"二二八"事件已然成为国民党被攻击的"原罪"之一。

关于1947年发生的"二二八"事件，多年来，海内外学者对它发生的原因、产生的影响等，从多方面、不同视角做了研究和解读。

诸多史料已清楚呈现一个基本事实，那就是这次事件中被打的、被杀害的既有本省人也有外省人，它绝不是省籍矛盾，更不是特定政治势力所说的"中国人镇压杀害台湾人"，这样的诠释是为了政治目的而刻意扭曲"二二八"，是刻意制造省籍、族群矛盾，挑动悲情。

在当年的时空背景下，"二二八"事件与全国其他省份的群众运动一样，是一起台湾人民反专制、反独裁、争民主的群众运动。现在已经解密的"二二八"档案也可对此提供充分的证据。

然而，这些年来，"二二八"事件真相已被民进党等分离主义势力恶意篡改、扭曲成"外省人镇压本省人""台湾人争取独立"的事件。国民党因为处于施害者的角色，除了迫于压力不断道歉外，对这一事件的来龙去脉也怯于导正视听。台湾统派极力挖掘、传播"二二八"事件真相，但在岛内政治生态下，尚难拨乱反正。

于是，"二二八"的话语权在岛内被民进党牢牢垄断。

每年到了"二二八"事件周年前后，民进党和"独派"政治人物都趁机出席各种纪念活动，提醒台湾社会不应该忘却这一悲痛。然而，对于日据50年期间，日本镇压和杀害各地抗日群众的暴行，却不愿多说一个字。李登辉甚至还否认抗日的存在。2015年恰逢中国人民抗日战争暨世界反法西斯战争胜利70周年，李登辉接受日本一家刊物专访时称："70年前，台湾与日本是同一个国家，既然是同一个国家，所谓台湾对日抗战当然不是事实。"他还回忆当年自愿投入日本军参战成为光荣的"若樱"（即志愿兵），"当时我们兄弟两人，是以货真价实的日本人身份为祖国奋战"[1]。把自己当作日本人，自然就不会提及日本人在台的暴行了。

客观讲，"二二八"事件和两蒋在台湾近40年"白色恐怖"统治给台湾人民（包括1949年前后从大陆赴台的进步人士）带来了深重灾难。不少台湾民众受到迫害，家庭破碎。那段历史给台湾民众留下了难以抹除的伤痛和阴影。"白色恐怖"是国民党抹不掉的历史污点。

尤其在反国民党和"独派"势力掌握话语权的情况下，这些伤痛被不断挑动和放大了。这其中，有两个方面被刻意转化了。

---

①衣冠城：《李登辉的日殖世代结束》，台湾《中国时报》，2020-08-07。

一是把国民党当局在全台湾实行的"反共戒严"体制转化和扭曲为"外来政权"对台湾人的镇压，有些人甚至把它扭曲为对台湾的"战后再殖民"。

回顾历史，台湾省政府主席陈诚当年颁布《台湾省戒严令》，宣布从 1949 年 5 月 20 日起在台湾省实施"戒严"，是针对中国共产党领导的台湾人民反专制、反独裁、争民主的运动而实施。不久后，国民党当局彻底退踞台湾，为维护在台的统治权威，"戒严"处罚范围不断扩张，除了"反共"，还包括压制岛内不同政见、整肃异己等，给台湾民众生命财产造成严重损害。

但总体上尤其是早期，"白色恐怖"是国民党当局在台湾实行的"反共戒严"体制，"反共"肃清对象不分外省人和本省人，是对所有在台民众的专制镇压。很多怀抱爱乡爱国情怀和改造社会理想的两岸进步人士，无分省籍在"戒严"时期被国民党当局枪杀、投入牢狱。如今，在金门、马祖等地，早年留下的"反共防谍""小心匪谍就在你身边"等"戒严"时期的标语依然可见。

然而，过去几十年间，"独派"和"反中"势力却将国民党当局"反共戒严"体制对触犯"反共"教条的人们的肃清，对所有异议人士的打压，包装转化为所谓对台湾人的镇压历史。这种转化和包装似是而非，充满机巧和欺骗性，在绿营和媒体的长期灌输下，在台湾社会产生了较深影响。

把台湾历史上的一切问题，通过话术简化成"中国对台湾的压迫"，推动造成"台湾与中国的对立"，正是分离主义的一大特征，包藏挑动族群对立、制造"一中一台"的祸心。

二是将个人经验和家庭遭遇放大成台湾民众的群体感受，从而更加凸显"集体悲情"。

以国民党当局退踞台湾后推行的"土地改革"为例。如前文所述，"土地改革"的重要意义是绝大多数日据时期并无土地的农民终于得到了土地、成为土地的主人，提高了农民生产积极性和农业生产率，为台湾的经济发展特别是工业发展奠定了农业基础。

这一改革毫无疑问损及在日据时期拥有较多土地的地主和"皇民"利益。这些人及其后代（立场大多反对国民党，不乏当今绿营高层）为了替家族失去地主身份和部分土地而报仇泄愤，利用逐渐掌握的话语权优势，将自己的家庭"遭遇"不断放大成台湾人的集体遭遇，不断抨击"国民党蒋氏集团来台后抢夺民众家产"，成为"国民党抢夺台湾人财产"的又一罪状。其实，这些家族毕竟家底厚，他们利用国民党当局的股票等资产补偿，至今依然是家大业大的豪门和上流阶层。

2016年民进党再次上台后，很快着手推动所谓"转型正义"，并于2018年5月成立了"促进转型正义委员会"

（简称"促转会"），专责落实相关工作。概括而论，民进党当局口中所谓"转型正义"的主要目标，在于为"威权时期"（1945年至1992年，主要为两蒋"白色恐怖"时期）的受害者平反、恢复名誉，给予补偿和赔偿，并声称要还原历史真相、促进社会和解。

然而，"促转会"成立后，除了通过阶段性公开一些政治档案来宣称自己做了多少工作外，并没有向台湾社会大众清晰展示何谓"转型正义"。台湾媒体常报道的，就是"促转会"又要拆除了位于某个公园或学校的蒋介石铜像这一"威权象征"。

更引舆论争议的是，作为一个所谓的"独立机关"，"促转会"理应本着客观和尊重史实的原则独立行使职权，通过客观调查还原历史真相来弥平历史伤痕，但它却缺乏应有的政治超脱高度和良善动机，种种作为充满政治味，一定程度沦落为民进党清算斗争在野党和竞争对手的政治打手。2018年8月该机构的一位负责人更是在内部会议中声称"促转会是东厂"，消息被曝光后引发舆论挞伐。

从"促转会"成立后的作为及其社会影响看，"促转会"的运作没有促进台湾社会的包容与和解，反而加深了蓝绿阵营和各自支持者的对立与仇恨。岛内多次上演蒋介石铜像被砍和"独派"推崇的历史人物塑像遭破坏这样针锋相对的行为。

除了极少数受害者家属在平反中能有所感受外，绝大多数台湾民众被排除在本应参与和感受的"转型正义"过程之外，所谓"转型正义"更像是民进党为掌握历史话语权、占据道德制高点和打击竞争对手的又一大政治手段。

至于抨击国民党来台后大力推广"国语"和中华文化，压制所谓"台语"和台湾文化，这是典型的分离主义史观。

所谓"台语"，就是闽南语。它就像全国各地方言一样，是我国方言的一种，主要为闽南地区民众通用。随着闽南百姓千百年来陆续迁居台湾，闽南语传播至台湾，成为台湾大部分百姓通用的方言。

1945 年日本投降、台湾光复后，国民党在台湾并没有禁止民众在日常生活中使用闽南语，而是推行国语和闽南语并行。推行国语政策，也是台湾光复后，面对日本殖民当局在台湾长时间推行"国语（日语）"后，不得不采取拨乱反正的举措。

日本 1895 年占据台湾后，逐渐加深对台湾人的"思想同化"。1937 年 7 月 7 日卢沟桥事变爆发后，日本殖民者加紧在台湾进行"皇民化运动"，具体包括废止中文、废止农历新年（春节）、中止闽南语广播、强行推广日语、诱使和强制改用日本姓名、摧毁中国寺庙广建日本神社、禁演台湾地方戏剧（如歌仔戏、布袋戏）等，企图彻底摧毁台湾民众的中国民族意识、切断台湾文化与中华文化的联系。台湾孩子上学接受的为日语教育。

1945 年台湾光复时，在日据时期尤其是 20 世纪 20 年代以后出生和成长的台湾青少年，使用中文和闽南语的能力已几乎被摧毁。

面对这样的局面，在台湾禁止日语，要求在学校教育和报刊中使用中文，应该说是很自然的。否则，光复的意义何在？殖民地光复后，哪有不使用本国通用语言的？使用统一的官方语言，是一国统一的重要标志。放眼世界，莫不如此。

国民党在教育中推行中文的同时，并没有禁止民众在日常生活中使用闽南语、客家话等方言交流。

有史为证。台湾光复初期，行政长官公署的机关报《新生报》曾登载过这么两篇文章：一篇是 1945 年 11 月 8 日的社论，题目是《国语问题》；另一篇是国语推行委员会的何容先生的专论，题目是《恢复台湾话应有的方言地位》（1946 年 4 月 7 日）。两篇都同时触及推行国语与台湾方言的关系。

《国语问题》一文对于国语的态度，是这样看的："我们应该学习国语，为什么呢？中国通用国语的人最多，面积最广，可以说已通用全国，做一个中华民国的国民，自然应该懂国语。不仅台湾人要学国语，福建人广东人也在学着国语。国语是我们自己的语言，要懂。……政府对台湾话不会禁止使用，或企图消灭它，因为台湾话也是一种有国魂的中国话。"

对于台湾方言，它是这么看待的："我们可对不同方言的同胞，加以歧视吗？不可以的，所谓台湾话——福佬话，实际就是中国话……台湾话是中国话的一种，完全是中国话，我们这种话，比中国国语所带汉族的古音更多，讪笑'蛮南鴃舌之人'是错误的。"

对于台湾方言，何容先生的文章认为："一种方言在它自己的本区域内，应该是日常生活上的用语。"但是，台湾光复初期的情形却是"自政府机关学校，以至于一般社会，还多是用日本话"，"这诚然是便利"，但这种便利是"不合理的"。因为"台湾话受日本强力的压迫，同我国其他区域的方言相比，已经丧失了它应有的方言的地位"。因此，他呼吁"现在本省推行国语固然很重要，同时我们应该设法恢复台湾话应有的方言地位"。[①]

从上述两篇台湾光复初期有关国语政策的专论可知，当时推行国语政策与恢复闽南话应有的方言地位是相辅相成

---

①关于《国语问题》《恢复台湾话应有的方言地位》内容介绍，请参阅许南村编，陈映真、吕正惠、杜继平、曾健民著：《反对言伪而辩：陈芳明台湾文学论、后现代论、后殖民论的批判》，台北：人间出版社，2002，第303—305页。

的，两者并进是为了减少殖民者语言——日语在台湾的影响，并没有歧视、打压"台语"即闽南语的问题。这是台湾光复后，"去殖民化"的必要之举。

笔者近些年走访台湾中南部，有时会遇见讲普通话比较吃力甚至完全无法用普通话交流，只会讲闽南语的年长者，这也反映了过去几十年来闽南语在台湾并没有被"压制"，依然是民众日常交流的语言。

如果说国民党执政时期，规定在学校用中文是"打压台湾文化"，民进党陈水扁、蔡英文上台后，为何不改成闽南语教学？通用语言和方言本就不是一回事，两者也不是有你无我、有我无你的问题。

对于台湾文化和中华文化的关系，不管政治人物欲割裂二者联系的主观愿望多么强烈，不管如何强调台湾接受过海洋文化、西洋文化等"多元文化"的影响，台湾曾短暂被荷兰、日本殖民统治过也是史实，但中华文化是台湾文化的主体和最重要的底蕴，这是毋庸置疑的。毕竟，绝大多数台湾民众均为不同历史期从大陆各地迁徙而来。

从历史传承看，学术界专家认为，台湾文化比现如今大陆很多省份保留了更接近中原文明的中华文化，因为闽南语文化保留了古老的河洛文化，闽南语也被称为河洛话，就如《国语问题》一文中所说："台湾话也是一种有国魂的中国话"，"比中国国语所带汉族的古音更多"。

河洛，即黄河、洛水交会的广大中原地区，在古代创造了灿烂的河洛文化，是中华文化的重要源泉之一。两晋南北朝时期，河洛地区一些民众为避战乱南迁，有少部分百姓最终辗转逃到闽南漳泉地区定居。到了唐朝，因开漳兴闽建立起丰功伟绩，至今仍被闽南和台湾地区尊称为"开漳圣王"的将领陈元光——唐朝时期河南光州（今固始县）人，率领河南将士进入福建时，中原的河洛文化进一步跟随将士们传播至闽南地区。

随着历史的进程，北方和中原地区历经战争和民族融合，古老的河洛文化在北方逐渐发生变化，在闽南地区却得到相对较好地传承，也随着闽南百姓传到了台湾。因此时至今日，台湾文化仍保存有河洛文化的底蕴，也就是中华文化的底蕴。熟悉闽南语的人们会发现，闽南语中一些用词与文言文的用词相同，比如闽南语中称筷子为箸，便是一例。

那些将台湾文化和中华文化对立起来，批评推广中文和中华文化是打压台湾文化的人，其实他们捍卫的"台湾文化"，底蕴就是源远流长的中华文化。那些在讲话中常引用唐宋诗词和历史典故的政治人物，难道认为"去中国化"教育，就能切断台湾与中华文化的根脉相连？事实证明，台湾光复回到中国后，台湾文化在中华文化的滋润下，得到了更好地保存和发展。

把闽南语、客家话等台湾地方方言作为"台语"和

"国语"对立起来，把"台湾文化"和"中国文化"对立起来，并通过文字游戏包装、扭曲为对"台语"的歧视，扭曲为"中国"对"台湾"的压迫，就是典型的文化分离主义。目的是把"台语"这一方言塑造成与"国语"具有相同地位的"独立语言"，把"台湾"塑造成弱小、被"中国"欺压的一方，也是与"中国"无关的一方。这种"悲情"真的是悲情吗？这其实是为了政治目的而炮制的人造悲情。

第三条关于所谓大陆打压台湾的"国际活动空间"问题，近些年来民进党当局持续炒作，每到选举，就成为民进党诉诸悲情、挑动"反中仇中"的重要话题。

需要明确指出的是，所谓台湾的"国际活动空间"，在两岸尚未完全统一之前，本身就带有企图在国际上制造"两个中国""一中一台"的"台独"倾向。其实，1971年被驱逐出联合国之前，台当局一直以"代表中国正统"自居，打压和排斥大陆的国际活动参与，何曾客气过？两岸目前虽尚未完全统一，但这一特殊状况本质上仍是20世纪40年代中后期中国内战状态的延续，两岸实质上仍未结束内战状态，在国际上又怎么可能出现"两个中国"或"一中一台"呢？

不管是国民党上台，还是民进党在台上，他们其实都了解这个问题的实质，但一直长期操弄所谓"国际空间"问题，再度揭橥悲情很多时候是各方政治势力为了政治目的而刻意制造的。

在此以多年来台当局反复炒作的所谓加入世界卫生组织（WHO）、参加世界卫生大会（WHA）议题为例。

世卫组织是联合国下属的专门机构，只有主权国家才能参加。1971年第26届联合国大会通过2758号决议，承认中华人民共和国是代表全中国人民的唯一合法政府。台当局自彼时起就被逐出了所有联合国机构。

这就表明台湾当局不可能加入世卫组织，否则就意味着"两个中国"或"一中一台"正式亮相国际组织，也意味着推翻联合国大会的2758号决议。台当局对此非常清楚，但2000年至2020年，民进党前后"执政"总计近13年间，每年都要炒一轮这个议题，已经成为固定模式。绿营反复来反复去的说辞就是：台湾能否参与世卫组织关系2000多万台湾民众的健康权益，大陆打压阻挠台湾参加世卫组织，就是站在2000多万台湾民众的对立面，伤害台湾民众健康权益。

陈水扁当局2004年鼓动其"友邦"在世卫组织就台湾当局参与案发动投票，结果近200个会员国中仅25票赞成。

明知参与世卫组织无望后，台湾方面从1997年起争取参与世界卫生大会，但一直未能如愿，直到2009年才获邀参加，并连续8年都接到世卫组织邀请。

原因就是2008年国民党上台后，两岸确立了体现一个中国原则的"九二共识"共同政治基础。2009年至2016年，在一个中国原则下，在认同"九二共识"以及两岸关系和平发展的大背景下，通过两岸协商，台湾方面得以参加世界卫生大会。众所周知，民进党上台后，拒不承认"九二共识"，台湾当局参加世界卫生大会的政治基础自然就不复存在。

台湾一位退休涉外官员对此明确指出，台湾当局想重返世界卫生大会别无他途。必须先与对岸建立共识，如果两岸取得默契，其他会员国必乐观其成。两岸先进行协商，建立共识，台湾当局重返世界卫生大会自然水到渠成。①

两岸需建立什么样的共识，大陆说得很明白，台当局也很清楚。但民进党却总想绕过大陆，企图通过世卫组织中的所谓"友台会员"，邀请台湾当局加入。当然，他们清楚，这是不可能达成的目标。否则，民进党当局连年声称"全球挺台力道今年最高""美台关系史上最佳"，但每到世界卫生大会前夕，为何美国等民进党当局口中的"真朋友"不直接提案邀请台湾当局与会，而只能由台湾当局的所谓"友邦"提案？

在两岸无共识下，明知不可为而为之，为何？民进党每年操作加入世卫组织和参加世界卫生大会议题，目的还是政治意图：通过拉高声量，告诉老百姓民进党为了台湾人的健

---

①《我返 WHA 两岸共识比声量重要》，台湾《联合报》，2020-05-15。

康，为了台湾加入世界卫生大会有多拼，失败后把台湾不能如愿的原因归咎为"大陆打压"，以此挑动台湾民众"仇中"情绪，收获政治利益。

更让各界看不下去的，是民进党对于台湾当局加入世界卫生大会态度的前后不一。

马英九时期，两岸关系改善，台湾方面以"中华台北"的名义、观察员身份参与世卫大会，却遭民进党痛批"主权被矮化"。2009年，台湾方面出席人员抵达日内瓦后，还发生官员被民进党青年军带领留学生闹场的闹剧。对这种"丢脸丢到国际"的行为，民进党不但未批评，还声援闹事学生并要求国民党籍与会代表官员下台。如果真的在乎台湾当局参与世界卫生大会乃至"国际活动空间"，民进党会派人闹场并辱骂与会官员吗？

到了2016年5月，民进党当局刚上台才几天，立即持着国民党官员卸任前收到的世卫组织发给"中华台北"的邀请函，以观察员身份欣然参加世界卫生大会。这一回，民进党官员和"立委"不再关心"主权被矮化"一事，官员到了会场也没有见到民进党组织的台湾留学生闹场。

由此可以看出，民进党所谓"为了台湾人的健康，台湾必须参与世界卫生大会"的说辞，不过是为政治算计。老百姓的情绪被激化后，把"被大陆打压"的悲情转化为民进党收割的选票，是政客们稳赚不赔的买卖。

回过头来说，如果台湾各界能从事实出发持平而论，台湾当局虽然没有加入世卫组织，但是根本不存在民进党炒作的所谓大陆打压台湾人民健康权益的问题。比如说，2020年初新冠肺炎疫情发生后，大陆最先邀请台湾卫生专家赴武汉考察，并多次向台湾通报疫情防控最新消息，专程通报大陆与世卫组织分享病毒基因序列和获取相关基因序列途径的信息。疫情期间，两岸疫情通报机制、台湾地区直接获取世卫组织有关疫情信息以及参与世卫组织技术性视频会议也并无受到影响。在大陆，个别台湾同胞确诊后得到及时救治，台湾同胞也与大陆同胞一样可以免费接种新冠疫苗。

所谓伤害台湾民众健康权益，从何谈起呢？

20世纪八九十年代担任过台当局"驻美代表"和"外交部长"的钱复在其"外交部长"任上时曾提出过"大陆政策的位阶要高于外交政策"的重要观点，意即处理好两岸关系，才能更好地处理和发展台湾的涉外活动，否则难有空间和出路。

钱复的这一观点得到台湾学界和主流舆论广泛认可，台湾各主要政党也不会不明白。企图绕过"一中"原则，甚至以冲撞两岸关系来获得所谓"国际活动空间"，是本末倒置、缘木求鱼。

第四点关于悲情的说法，可以看作是前三点的总结。这一观点指出："台湾的历史至今才400多年（从荷兰殖民者占据台湾始），前后经历了西班牙人、荷兰人、郑成功、清朝、日本人、国民党等外人、外来政权统治台湾，台湾人何时才能自己当家做主？"

这一说法经过特定政治人物和政治势力的不断灌输和挑动，在台湾已经广为人知，因为契合人们希望自己"当家做主"的心理，所以产生了一定程度的效果，容易让人产生"身为台湾人的悲情"。

李登辉是宣扬这一论调的代表性政治人物。他多次在台湾岛内甚至赴日本演讲时反复宣称：台湾数百年来都是被"外来政权"所统治，先后经过了六个不同的"外来政权"统治……1945 年，统治台湾的"外来政权"日本在第二次世界大战中战败，被迫放弃台湾，台湾因此被战胜国盟军指派蒋介石"接收占领"，开启另一个"外来政权""中华民国"的统治……我深深体会到"生为台湾人的悲哀"。

李登辉的这个话术，在很多人看来具有一定的逻辑性，民进党、"台联党"等分离主义势力也长期运用这一话术与台湾民众博感情、诉悲情。

先暂且不论这一观点是将台湾视为"独立"主体的"台独"视角，李登辉等"独派"政治人物和"独派"政党的这一观点其实是有着明显矛盾的。

这一观点中与"外人"对立起来的所谓"台湾人"，究竟是指哪一个群体？不管是郑成功当年收复台湾时从大陆带去的官兵，还是清朝统一台湾后源源不断赴台开垦的大陆民众，抑或后来随着国民党赴台的军公教商及眷属，他们的后代现在都已经是台湾人。

如果一定要把先后在台湾这块土地上"执政"的人都当作"他者"，那么真正被前后不同时期来台的"外人"和"外来政权"所统治的"台湾人"就只能是这个岛上的台湾少数民族了。从历史看，挑动"外人"与"台湾人"对立的民进党和"独派"政治人物，也是不同时期移民来台的"他人"后代，他们的祖先都曾经"统治"或者协助"统治"过台湾少数民族，"悲情"何来呢？

更站不住脚的是，同样是被视为"外来统治"的群体，却也被区别对待。如前文所述，对于日本人的殖民统治，岛内绿营政治人物歌功颂德满怀感念，感谢"日本给台湾带来现代化"；蓝营政治人物也多有附和。对于国民党退踞台湾后的执政，绿营却不断强调这一"外来统治集团"所犯下的"二二八"和"白色恐怖"罪行，并通过"转型正义"等手段清算国民党；对于国民党带领台湾经济起飞迅速迈入中高收入经济体等执政成绩，却各置一词。蓝营自己被骂久了以后也只剩勇于承认历史错误，不敢为自己执政业绩做主动陈述。

这一悲情论述就是要把"台湾人从中国人中摘出来，凸显台湾人的主体性和独立性"。积非成是，岛内不同时期的民调显示，这一论述对台湾人的国族认同已经产生了影响，这也是绿营想要的结果。

以上四个方面的悲情，有的是客观存在的，比如日据时期的殖民统治对全台各地抗日斗争的镇压和剥削压榨史，比如国民党的"白色恐怖"统治给台湾同胞留下的心理创伤。这种悲情需要"转型正义"，让受害者得到平反和补偿，但民进党当局设定需"转型正义"的历史时期却是从1945年10月25日也就是台湾光复开始，也就意味着日据时期殖民者所犯下的滔天罪行不在其"转型正义"的视野内。

有的悲情却是特定政治势力刻意炮制和营造的。这种人造悲情把悲情的施加者导向了"中国"和"中国人"，导向了"中国（人）抛弃/打压台湾（人）"，目的是要将悲情化为对"中国（人）"的讨厌、怨恨，从而造成"台湾（人）"和"中国（人）"对立和割裂，达到特定政治目的。

一般说来，悲情往往是一种被遗弃、被欺凌、遭受不公的情绪和记忆。过去几十年来，台湾发生了翻天覆地的变化，经济方面创造过"亚洲四小龙"之首的辉煌，政治、社会、文化等方面也取得了台湾社会自我认可的成就，海外也给予公允评价。应该说，台湾已经有足够的理由相信自己已走过悲情的过往。

着眼于台湾未来，台湾政党、政治人物和媒体等应该自信而自豪地看待台湾人民取得的成就，在社会倡导昂扬向上的集体自信。放下仇恨，抚平伤痕，放下过去，才有机会创造更好未来。

然而，对台湾而言不幸的是，民进党等岛内政治势力尤其是"独派"势力为了自身利益，刻意挑动台湾人民的悲情意识，肆意放大甚至扭曲某些历史事件，把强化悲情作为凝聚力量以打压对手、抹黑对手的重要手段，作为割裂中华民族和中国人认同的手段，以达到建构所谓"台湾主体性"和"台湾人的自我认同"，最终实现台湾"去中""脱中"的目的。

作为受台湾人民供养的岛内政党和政治人物，当告别悲情的条件已经成熟时，如果仍要不断把社会拉回曾经的苦难回忆和阴影，甚至把历史当作意识形态的提款机，不停歇地操弄悲情、炮制悲情、挑起仇恨，这是不负责任也极不道德的。这种政治性操弄给台湾带来的对立、撕裂和内耗，对台湾长远发展的桎梏性影响，是深远的。而受害者，却是广大台湾民众，这才是台湾民众应该警醒的"悲情"。

第四章

社会万花筒

为什么各路候选人都勤跑宫庙？

在台湾，每当选举临近，各路候选人到处造势、拜票时，每到一个地方必进当地宫庙，由当地和宫庙人士相陪拿香"拜拜"。

为什么？除了祈求神灵保佑顺利"冻蒜"（当选的闽南语发音），更重要的原因是宫庙有众多信众，而信众手中有候选人在选举中最想要的选票。

信众众多，源于台湾是一个宗教文化盛行的社会。在岛内走访可以发现，几乎堪称"凡有人烟处，即有宫庙"。一些宫庙建筑金碧辉煌，建筑物上刻满了捐赠者的姓名。

人们宗教信仰丰富多样，佛教、道教、基督教，还有各种民间"王爷"信仰，等等，在岛内都有信众，以中国传统信仰为主。根据台湾官方统计，2019年底，全台宫庙逾1.23

万间，比台湾便利商店还多，还有近 2900 间教堂。其中，以信奉妈祖、关公的人最多，信众多达 1000 多万。信徒们和谐相处，互相尊重彼此信仰。大多数民众并不严格区分哪一宗教哪一派别，逢庙就拜，为家人祈求平安多福。

台湾民众的信仰没有严密的教派组织或教团，参拜和活动中心多以各地的信仰集聚中心——宫庙、家庙、宗祠、神坛等为主。一些香火兴盛的宫庙每逢重要宗教节日或供奉神灵生日时，香火不断，信众络绎不绝，宛如盛大嘉年华。一些重要信仰中心每年还举行供奉神祇绕境进香活动，代表神明"出巡"辖区，为百姓驱邪纳吉、安定人心，带来平安。

台湾最盛大的宗教活动当属台中市大甲镇澜宫妈祖绕境活动。2014 年在台湾驻点期间，笔者和媒体同行们去现场采访见证过。妈祖銮轿出行时锣鼓喧天、鞭炮齐鸣，大甲镇上水泄不通的热闹情景让人印象深刻。

位于台中市的大甲镇澜宫，是全台最知名的妈祖宫庙。一年一度的妈祖绕境进香活动，一般于妈祖农历生日三月二十三日前后举行。到了下午，这个常住人口不过 7 万的小镇已经沉浸在一场热闹的嘉年华中。去往镇澜宫的道路挤得水泄不通，到处都是台湾各地赶来的虔诚信众，他们拿着进香旗帜，往镇澜宫的方向前进。一些热心人士满脸笑容在街道两旁摆起了流水席，饮料、点心、馒头任信众免费取用。

午夜时分，"哨角队"三声吹奏之后，鞭炮齐放、烟花漫天，整条街被笼罩在烟雾中。妈祖神像乘坐的銮轿在岛内台面政治人物和数万名信徒的拥簇下，缓步移出宫外。活动达到最高潮。

近年来，大甲镇澜宫妈祖出巡绕境活动一般历时九天八夜、横跨好几个县市、往返三四百公里。一些虔诚的妈祖信徒跟随妈祖绕境走完全程，祈求保佑。妈祖绕境路线的沿途，常见数以千计的信众虔诚地趴跪在路上，让妈祖神轿从自己身子越过去，完成"钻轿脚"，希望得到妈祖庇佑，趋吉避凶。

一些淳朴的台湾百姓可能一辈子都不出台湾岛，但在劳作之余难得的休息时间，往往会和家人带上行李，从南到北到各大宫庙拜拜，寻求神灵庇护和心灵解脱，以这种方式完成特殊的岛内旅游。

台湾宗教氛围为何这么浓厚？一般认为包括历史文化传统和地理环境等原因。

过去几百年来，"唐山过台湾"的大陆先民跨越因危险被称为"黑水沟"的台湾海峡时，为了祈求平安，往往把信奉的妈祖、关公等神像和祖先牌位带在身边。这样，宗教信仰也就从大陆各地带到了台湾，世代相传。保佑民众海上航行平安的妈祖，成为先民们随身必带的守护神，妈祖信仰也因此成为台湾社会信众最多和最广泛的民间信仰。

民众宗教信仰也与台湾特殊的海岛地理环境有关。在进入工业社会以前，台湾很多民众靠讨海生活。每次出海前，面对茫茫大海和未知的危险，渔民和家人都会祈求妈祖等神灵保佑平安归来。此外，台湾常年受台风和地震等自然灾害袭击，在抵御自然灾害能力有限的历史时期，人们祈求神灵保佑天灾不来，保佑人们在灾害来临时平安渡过难关。历史传承中，这种祈求神灵保佑平安的渴求，已经内化为台湾民众自然而然的信仰。

不过，也听一些五六十岁的台湾朋友讲，他们年轻的时候，也就是20世纪七八十年代台湾经济起飞的阶段，宗教氛围不像现在这么浓厚，各地也没有现在这般"三步一宫、五步一庙"。当时，人们主要忙着"拼经济"。他们认为，从20世纪90年代开始，宫庙逐渐增多，这与台湾的选举活动越来越多有一定关系。

在选举中，政治人物祈求各路神灵保佑，而各地的宫庙主事者往往又是当地的重要"桩脚"，或是在当地具有较大影响力和动员能力的人士，政治人物需要拜托他们拉票、固票、动员投票与站台。待政治人物选上后，往往会以共同举办各种宗教活动等形式来"感恩"宫庙所供奉圣灵的保佑，这样，宗教活动越来越兴盛。

宫庙的动员能力为什么强，这就要讲到台湾宫庙的组织管理结构。

台湾的宫庙组织管理方式经过较长时间的演化后，现在一般由管理委员会或董事会负责。管理委员会产生主任委员（简称主委）、董事会则产生董事长，作为该宫庙的"住持"。宫庙主要工作是服务信众的参拜和宗教活动，一些财源雄厚的宫庙还建有图书馆、医院、托儿所、养老院等服务机构，天灾人祸发生时会发起赈灾活动。

宫庙管委会或董事会的成员，一般都由当地有较高声望的乡绅甚至是选举产生的里长、各级民意代表担任，这些"头人"在当地具有较强的号召力和动员能力。这种能力，在选举时发挥出来，是任何候选人都不敢忽视的。政治人物往宫庙跑也就是必然的事情了。

宫庙是台湾民众除市场以外最常去的公共场所之一。以位于台北艋舺的龙山寺为例，那里常年香客不断。龙山寺正门前有一个大广场，除了下雨天外，广场总是人头攒动，有下棋的、有说唱的、有聊天的，热闹异常。

所谓见面三分情，政治人物想要争取支持或是选票，往宫庙跑除了争取宫庙"头人"的支持，也可以让普通百姓见见常在电视上出现的这些政治人物的真面目，显示自己"接地气"，让老百姓多几分亲近感。

因此，"拜庙"已成为台湾选举时的重要活动。

有意思的是，不管是哪个阵营的候选人来参拜，宫庙的主事者表面上一般都会强调"菩萨不分蓝绿"，都会接待。但在选举的最后阶段，有些宫庙的主事者往往会跳出来为特定支持对象站台，以自己的影响力号召信众支持某位候选人。

这些年来，针对一些政客取得执政地位后或暗或明地搞"去中国化"动作，台湾舆论看得明白，也批得精准：既然要"去中国化"，你为何还要拜妈祖、拜关公呢？跑选举行程时，还要跑那么多宫庙做什么？这些神祇可都是来自大陆呢！

疯棒球与"爱台湾"

台湾电视体育频道对棒球赛事的直播明显多于其他赛事。走在台北河滨公园等空旷地带，能看到大小不一的棒球场上，教练带着不同年龄段的选手在苦练球技。

在追星文化较盛的台湾，如今除了演艺名人（政治人物已不再受追捧），大概就剩下一些棒球明星受到媒体和民众的热捧。若是台湾地区的棒球队或球员在国际重要赛事取得好成绩，媒体普遍冠以"台湾之光"反复报道。

大陆读者可能不太明白：台湾人为何这般疯棒球？

这就要讲到棒球在台湾的发展史。棒球在台湾经历了不同的发展阶段。

棒球运动在台湾的发展已有逾百年历史。根据台湾体育界研究，1895 年日本割占台湾后，棒球逐渐被殖民者带入台湾社会。最开始，棒球只是在台日本人玩的"野球"，后来慢慢传入台湾的中小学，获得初步发展。不过，日据时期的台湾棒球，具有明显的殖民主义色彩，这可以从前些年台湾拍摄的棒球主题电影《KANO》看出。

1945年台湾光复后至20世纪60年代，台湾处于战后经济恢复期和经济起飞前的发展期，民生相对困苦，"呷饱看野球"（闽南语，即"吃饱看棒球"）逐渐成为庶民生活的一部分，以学生为主体的三级棒球逐渐成熟。

三级棒球是台湾特有的棒球层级区分，即少年棒球（少棒）、青少年棒球（青少棒）和青年棒球（青棒）。少棒以小学高年级学生为主体组成，青少棒以初中学生为主体组成，青棒以高中学生为主体组成。

这一时期，台湾的三级棒球队在与其他国家和地区棒球队的较量中取得佳绩，小运动员们成为台湾社会的英雄级人物。其中留下"传奇"色彩的有两次。

一次是1968年8月，由台东偏远山区的小学生组成的红叶少棒队，以大比分击败到访的日本少棒冠军代表队，在台湾各地掀起"红叶旋风"。在"抗日"当时仍是台湾社会政治正确的年代，打败日本的球队具有弘扬中华民族自信心的升华意义。这些小将们因此受到台湾社会的高度称赞。

紧接着，1969年8月20日至22日，第23届世界少棒大赛在美国举行。台湾地区派出的金龙少棒队连战连捷，在决赛中大胜美西队，勇夺冠军。这项比赛虽然只是夏令营性质的嘉年华，强调参与而并不重视竞技性，但却是台湾有史以来获得的第一个"世界冠军"，因此不仅令台湾棒坛受到鼓舞，更让台湾社会觉得扬眉吐气。

都说体育是和平年代的战争。当时处于冷战时期，国际局势逐渐对台湾国民党当局不利，"邦交国"越来越少。在这样略显凄苦的历史背景下，台湾地区的少棒队能够接连打败日本、美国的球队，一定程度上在当时的台湾社会起到了鼓舞士气和凝聚力量的作用。

国民党当局也看到了棒球小将们的胜利带来体育之外的激励人心的作用，开始大力支持和推广棒球运动。

因此，从20世纪70年代开始，随着经济的起飞，台湾三级棒球进入狂飙时期。1971年10月，台当局被逐出联合国以后，台湾面临的外部环境更加风雨飘摇，内部士气低落。三级棒球的少年们赢回的一座座冠军奖杯，让当局和台湾社会找到"扬威国际"的自豪感和自信心。每一支夺得佳绩的球队和夺得冠军的选手，都被社会以"棒打洋人"的"民族英雄"视之。整个台湾社会陷入"棒球民族主义"的狂热之中。

20世纪70年代开始，台湾地区的三级棒球连续在世界比赛中取得多项冠军。其中，1974年、1977年、1978年、1988年、1990年和1991年，台湾的少棒、青少棒、青棒三级棒球曾同年赢得"世界冠军",被媒体称为"三冠王"时代。不过,进入 20 世纪 80 年代后,三级棒球发展趋势开始走下坡路。

三级棒球的狂飙年代,因社会舆论对其赋予了比赛以外的感情因素,导致三级棒球也存在过于注重竞赛成绩而揠苗助长、球员超龄、恶意抢挖明星球员等乱象,但总体上培养了优秀棒球选手,为代表台湾成人棒球水平的中华台北棒球队在世界舞台与其他球队一争高下奠定了人才基础。

有了三级棒球的长期发展,20 世纪 80 年代以后,台湾地区成年人棒球发展水平更加成熟,并努力走向世界。在职业球员参加世界级赛事前,台湾地区成棒在世界业余棒坛尚有一席之地。但随着职业球员后来被允许参加国际赛事,台湾地区成棒在世界棒坛取得奖牌变得愈发艰难。在职业棒球运动出现前,成棒球员在台湾退役后面临出路不佳等问题,因此优秀球员往往选择出走海外。

1990 年,台湾中华职业棒球大联盟正式开打,棒球运动自此迎来职业化时期,进入全新的多元发展阶段。在中华职棒开赛后的前几年,入场观看比赛的观众不断增加,运动员收入迅速提高,社会地位明显提升,明星运动员与演艺明星一样受到观众热捧。

好景不长,台湾中华职棒后来出现的赌球和打假球等丑闻,令球迷深深受伤,职棒备受球迷冷落,步入低潮期。直到优秀的台湾球员在国际棒球赛事有了较突出表现，球迷才又慢慢回流球场。作为目前台湾唯一的职业棒球联盟，中华职棒这些年来的发展之路可谓起起伏伏。

总体看，棒球在台湾的发展，与台湾历史紧密相关。它由日本殖民者带入，逐渐落地生根。台湾光复后，它曾经只是草根阶层参与和观赏的运动。后来，在官方力捧下，为台湾带来"世界冠军"的三级棒球一定程度成为台湾民众心灵的寄托，隐含向世界证明自己存在的社会集体意识。

这种社会集体情感的投射，造就了三级棒球的"辉煌"。不过，也有棒球界专业人士研究回顾那段历史时指出，当时的"世界冠军"其实含金量并不是很高。以少棒为例，当时美国少棒联盟所举办的三级（四级）球赛基本上是夏令营性质的嘉年华，强调的是少年们的参与而非比赛成绩，但当时台湾社会太需要"世界冠军"了。

与其他运动不同的是，棒球更强调团队合作，要赢球得靠场上九名球员共同努力，任何一个失误都可以使得比赛结果发生逆转。它吸引人的地方就是，比赛没结束前，观众难以预料比赛最终结果。棒球比赛要进行九局比赛，每局各队可以有三个出局数，也就是说一场比赛要让二十七人出局，才算比赛结束。在第二十七出局数出现前，胜负难料，而这正是吸引球迷之处。

当年台湾经济开始起飞之后，棒球比赛也开始带来更多的冠军，使台湾民众感觉骄傲与光荣，尤其是面对传统棒球强队还可以取胜时，更会令台湾民众为之疯狂。

举个例子。1992年巴塞罗那奥运会，棒球首次被列入正式比赛（本届奥运会以前属于表演赛），比赛强度明显提高，也更加精彩，中华台北队最终勇夺银牌。虽然当时奥运会棒球赛尚未开放职业球员参加，竞技水准不高，但这块奥运会银牌成为台湾地区棒球发展史上最辉煌的时刻，也令台湾社会为之沸腾。

如前所述，台湾地区的棒球球员早些年往往被视为英雄，只要能打败日本或是韩国的球员，往往被视为抗韩或是抗日英雄。在球场上，球迷的道具也不少，当中华台北队遇上荷兰队，有球迷就拿出郑成功的画像，因为郑成功当年赶走了荷兰殖民者。遇上日本队，有的球迷就会拿出蒋介石的画像，球迷认为蒋介石当年打败了日本侵略者。但这种现象只存在当年的老球迷身上，随着时代变迁，如今的年轻球迷不会做出此类举动了。

棒球是一项需要长期培养的运动，在台湾尤其如此。很多球员从小学开始就被教育部门以准"职业球员"的标准培养投入棒球运动，一路打到高中或是大学，然后加入中华职棒。优秀的球员也会中途选择赴海外高水平职棒发展。球员们通过苦练球技，希望有朝一日可以成为明星级的职业球员。家庭经济困苦的球员更可以凭此改善自己和家庭的生活。平常，许多家长也会带着小孩子到球场看中华职棒比赛，从小培养孩子对于棒球的兴趣。

进入 21 世纪，因少子化导致参与棒球运动的人数偏低，官方以成绩为导向发展三级棒球的政策加剧棒球不平衡发展等因素，台湾棒球的成绩已不如上世纪辉煌。如今的世界棒坛，台湾地区依然是不可或缺的一个角色，但已不算顶级强者。民众看待棒球，也不如之前狂热，少了一些额外的感情寄托，多了以正常运动视之的平常心。

不过，棒球迄今依然是台湾获得官方和民间资源最多的集体运动项目，也是最受观众关注的体育项目。它是许多人从小到大的回忆，还是许多年轻运动健将对于未来的寄托。

以上就是台湾社会为何如此疯棒球的重要原因。更进一步分析，对棒球的热爱，也反映出台湾民众对于"出头天"的渴望和人们对于通过拼搏获得荣誉的珍惜。

了解了这一点，再来看台湾媒体常会出现的"台湾之光"这个词。

只要是代表台湾地区在世界争得了任何荣誉，不管是哪个行业、哪个领域的人或团队，都会被媒体和社会誉为"台湾之光"。他们对那些经过努力获得过外界认可的人，充满崇敬之情。

甚至境外媒体对台湾某一个人物或事件做了新闻报道，往往也会被台湾媒体冠上《台湾之光：国际媒体报道也关注

＊＊＊》的标题刊播。

这种期待被关注和认可的渴望，在对内的投射，就是人们对这块土地的爱。

行走岛内各地，听人们热情介绍当地某个景点时，常常会有"这是亚洲唯二的××""这是东北亚最好/高的××"的评价。人们介绍当地小吃时，基本会说"××超好吃"；当人们和你一起食用他们推荐的食物时，常会被反复询问（其实是告诉的口吻）："很好吃吧?"

这种对当地特色景点或小吃的赞叹，对他们来说，是发自肺腑的。每当这时，笔者能感受到他们的眼神中透露出淳朴而自豪的真情。一定是内心充满对当地的爱，才会那样自然又自豪地向客人介绍当地的特色。

与各个县市和各个领域的人们交流，细心去倾听，都能感受到人们对脚下土地的爱。小到一颗水果或是一幅装饰房屋的壁画，大到一栋新建成的大楼或是某位扬名海外的名人，人们在为外来客人介绍时，都能讲出很多与这块土地有关的细腻故事。

这就是生活在台湾这块土地上的绝大多数千千万万的普通人，对这块土地的爱。这种对乡土的爱，与政治人物嘴中的"爱台湾"有很大的不同。政治人物口号式的"爱台湾"已被操作成一种意识形态和攻击抹黑对手的政治符号，但一般民众"爱台湾"就是热爱他们生活的这块土地。

这种对乡土的爱，与对中华民族的爱，对包括海峡两岸在内的中国的爱，是毫不冲突的，是一致的。台湾同胞一向有着爱乡土、爱国家的优良传统。近几十年来，台湾民众对乡土的爱被岛内一些政党和政客肆意歪曲和包装，"爱台湾"甚至被扭曲为"本土意识"、"台独"意识。这是对台湾民众爱乡土的亵渎，海峡两岸的中国人都应该严正斥责。

台湾人民对乡土的纯真的爱和渴望"出头天"的朴素感情，值得尊重和鼓励。随着两岸交流的深入，更多的台湾民众会逐渐明白，国家统一、民族复兴，台湾人民才能真正"出头天"，两岸中国人也一定能在更大的世界舞台展现"中国之光"。

媒体：台湾乱源之一？

笔者在台湾驻点采访期间，搭计程车时很容易因为口音被司机认出，"你是大陆（也有个别称中国）来的哦？"得知我们是媒体记者后，他们会半开玩笑半认真地说，台湾会搞成现在这样，媒体是主要乱源之一，并条分缕析讲出他们的理由。年龄大一些的司机，还会讲起早年台湾没有那么多电视台的时候，有很多"很好的节目"，不像现在的节目"乱七八糟"。

台湾一些知识分子和资深媒体人士也时常痛批当下台湾

媒体乱象。台湾"中研院"院士朱云汉认为："作为全球第三波民主化潮流中一个重要的案例，我们原本可以提供世人许多正面教材，但比较令人遗憾的是，台湾经验中最突出的负面教材就是新闻媒体的集体沉沦。"①

之所以会被社会称为乱源，应是台湾民众认为台湾媒体没有承担应有的社会责任，还给正常社会秩序、公平正义、民众福祉、家庭和睦等带来负面影响甚至是伤害。

台湾媒体之"乱"主要体现在几个方面，且难以看到好转迹象：

一是一些媒体弃新闻伦理于不顾，新闻报道只看蓝绿、只问立场、不问是非。当媒体不能弘扬正气，不能传递准确资讯、澄清谬误，只为特定立场护航，操弄混淆民众视听时，就难以为社会风气带来正向激励，更给社会长期形成和坚持的良善价值带来极负面影响。

二是政党和政治势力为了政治利益挑起族群撕裂、社会对立的冲突中，一些媒体不仅未能发挥舆论监督和建设性作用，反而和媒体名嘴推波助澜，进一步加深了社会隔阂和裂痕。有些媒体甚至深度介入政党政治，与政党利益绑结在一起，沦为政治斗争工具。

---

①转引陈国祥：《媒体，宝物或怪兽》，台北：远见天下文化，2016，第6页。

三是一些媒体为了发行量和收视率追求煽情、八卦、暴力新闻，视野狭隘，给社会风气和青少年健康成长带来负面示范，媒体专业性在碎片化报道中进一步沉沦，正能量不足。

四是很多媒体机构商业化思维至上，"膻腥色"的新闻取向压制文人办报传统，媒体传统角色逐渐丧失。

台湾媒体自 20 世纪 90 年代中期以来的种种表现，给了社会大众"乱源"的印象。与台湾媒体同行交流，他们很多时候也徒叹无奈。

媒体的表现，往往也与社会发展不同阶段的政治、经济、科技、文化等各领域发展特征息息相关。台湾媒体过去二三十年来会发展成如今"乱源"的状态，也是受多种因素影响，与社会洪流相互裹挟。

为何沉沦？

首先，台湾媒体数量众多，竞争异常激烈。为了求生存，媒体尽量降低新闻制作和运营成本，产生系列乱象。

20 世纪 90 年代中期以前，台湾电视台只有由执政的国民党控制的三家无线电视台，台湾社会称之为"老三台"："中国电视公司（中视）"、"中华电视公司（华视）"、台湾电视公司（台视）。报纸数量虽比电视台多，但总体以

《中国时报》、《联合报》、"中央日报""三大报"为主，其他报纸影响力无法媲美。

20世纪90年代中期开始，随着有线电视台和无线电视台经营权的开放，台湾媒体数量暴增。据台官方统计，截至2020年2月，台湾地区拥有200多家公开发行报纸、1200多家期刊，还有5家无线电视台（22个频道）、85家163个岛内卫星频道、27家108个岛外卫星频道、有线电视业者64家经营的超过200家有线电视频道，还有174家经注册核准的广播电台。[①] 此外，还有难以计数的网站和没有登记的地下电台。

饱和与激烈竞争的传统媒体生态，遇上快速发展的网络新媒体，加上台湾经济发展缓慢，台湾媒体广告收入下降。为了生存，控制成本成为首要考量。

以遍布台湾电视新闻频道的谈话性政论节目为例。这一节目形态能存活十几二十年，如今依然占据各大新闻台黄金时间段，其低成本、收视率和广告收入有保障是各大电视台考虑的主要因素。

目前的政论节目形态在台湾始于20世纪90年代中期，台湾社会称这一谈话性节目形态为政论节目，是因为节目中

---

① 台当局"通讯传播委员会"统计，https：//www.ncc.gov.tw/chinese/files/20031/2028_42831_200310_1.pdf。

聊的话题常与政治动态有关，但其内容其实涵盖范围颇广，从政党到当局政策，从社会新闻到娱乐八卦，无所不包。内容不足的是国际新闻，这显示出岛内媒体的另一个特征：报道视野狭隘。缺少国际新闻，其实也是电视台控制成本的一种方式。

晚上黄金时间段的各大电视新闻台政论节目，让很多首次赴台的大陆民众颇感新鲜。几个人坐在演播室唇枪舌剑、你来我往，就当天或近日热炒的新闻话题煞有其事地吵得面红耳赤。经常参加政论节目的嘉宾，就成了"名嘴"。

不过，那些正襟危坐在演播室的名嘴们，其观点基本由其参加节目所属颜色决定，有台湾媒体揭露，有的嘉宾在政论节目直接拿着电视台准备的讲稿念，完全没有自己的看法。

政论节目能够长期存在，低成本的经济诱因是主要考量。除了节目主持人和工作人员的薪资，节目的主要成本就是名嘴们的"通告费"（付给嘉宾的酬劳费）。至 2020 年，岛内各大电视新闻台当下的通告费标准一般为 3000 元新台币每小时。录制一期节目，请 6 位嘉宾录制 2 个小时，成本共 3.6 万元新台币。加上电视台主持人和工作人员的薪酬等费用，据业内人士介绍，一期政论节目的成本大约在 5 万至 10 万元新台币。从晚上 8 点至 12 点，一家电视台如果播放两档政论节目，足够填满时间，成本为 10 万至 20 万元新台币。

政论节目能够一直存在的另一个因素，是经过长时间的收视习惯培养，其收视率较其他新闻类型节目整体高一些。

政论节目吸引观众的一个重要因素，是有时会请新闻当事人参加节目录制或直播，讲述当下热点新闻的来龙去脉，甚至突然"爆料""揭秘"媒体尚未曝出的新闻内容。有的政论节目还开放观众讨论，观众通过热线拨进电话发表自己的看法。这种一定程度的参与感，为政论节目维持了一定的收视群体。特别是快到选举时，随着不同阵营攻防加剧，政论节目的火药味更浓，收视率也会随之上升。

收视率意味着广告收入。因此，在竞争激烈的媒体生态中，低成本有收益的政论节目就一直被各大电视台力保。

然而，这些年来，名嘴和政论节目始终是台湾社会大众和新闻传播学术界多有訾议的对象。名嘴在台湾不能说已经完全成为贬义词，但也不是受人尊敬的头衔。

一些名嘴不经事先求证，在节目恣意放话甚至造谣，扰乱社会视听，不但给当事人带来困扰，甚至沦为特定党政的附庸，企图通过左右舆论来影响岛内政局发展。

比如，选举临近时（选举永远是政论节目最热衷的话题），名嘴们与各大电视台纷纷选边站，为了打击竞争对手，经常以"热心人士爆料""党政高层透露"等方式，凭空公布对手黑材料，打击对方阵营士气。同一阵营的媒体紧接着就以此为线索持续跟进炒作，抹黑对手。对手唯一能做的就是澄清和提告。但以岛内的诉讼程序，等到判决结果出来，选举早已结束，甚至下一次选举都已结束。且依目前岛内的相关规定，名嘴和电视台打着"言论自由"的旗号，即使被法院认证为造谣，代价也很小，有时就是登报道歉了事。但造谣对选举结果的影响已经发生，"迟来的真相""迟来的正义"对败选者来说，于事无补。

同样基于压低成本的考虑，造就了台湾媒体的另一特点，就是很多新闻来源于"三屏"：电脑显示屏、行车记录仪、监视器。

发生车祸等突发事件或是偷盗抢劫等刑事案件，行车记录仪和现场安装的监视器可以协助还原新闻现场，是具有一定新闻价值的。但对着电脑屏幕拍摄一些网络社交平台贴文来制作新闻，就是主流媒体堕落的表现了。

近年来，在其他地区，BBS作为一种网络论坛形式，影响力早已式微，但在台湾，最早由台湾大学的学生开设运营的一家名为PTT（批踢踢实业坊）的BBS，至今却依然拥有较大影响力。

台湾很多媒体有专人盯着PTT看，从中"找新闻"。打开台湾电视或各大报纸、电视新闻App，经常会发现诸如"韩国瑜如果被罢免，他的下一步……"之类的新闻标题，读者点进去一看，内容只是某位网友在PTT上就某一事件发表的个人看法而已。这则报道的内容就是把这位网友的贴文用书面语言梳理一遍甚至直接引用全文，在文尾再加几位其他网友的跟帖。如果是电视新闻，基本就是镜头对着这则帖文拍摄，记者把其中主要内容念一遍，最后可能加一两句评论，这样就算一条新闻。

一位没有真名实姓的网友就某个主题在 BBS 论坛社区发表个人观点，竟然成为主流媒体报道的内容，真实性如何核实，报道平衡性体现在哪里？这些新闻报道的基本要求皆被抛诸脑后。阅读这样的"新闻"，读者又能获取怎样的信息价值呢？

与很多地区一样，网络媒体和移动互联网崛起也给台湾媒体带来明显影响，短平快、碎片化资讯成为读者特别是年轻读者的阅听习惯。加上成本控制，这些年来，台湾媒体新闻报道以动态新闻为主，很难见到有质量的深度调查报道。如果有独家报道，往往是各种周刊的名人偷拍等八卦新闻。

因此，台湾媒体的新闻报道呈现出"不求独家，但求不独漏"的特性。通常状况是，某新闻事件发生后，各家电视媒体一哄而上，SNG（卫星新闻转播）直播车开过去开始连线直播。一天下来，各家电视台的新闻内容几无差别，新闻不断重复播出。各大报纸，除了言论版，刊载的新闻事件也无太大差别，惟详细不一、报道解读不一样而已。

造成媒体乱象的第二个重要原因，也是比控制成本更深层的原因，是资本和特定政党以利益结合，控制媒体。

虽然竞争激烈、控制成本导致媒体专业水准大跌阅听大众眼镜，但在台湾特定的环境下，媒体为财团控制、财团与政党深度结合，导致报道立场只看颜色、不问是非，甚至沦为特定政党利益的侧翼，才是新闻媒体总体不断沉沦，成为台湾乱源之一的最重要原因。它不但使很多媒体丢弃了客观平衡报道等专业伦理，也给社会带来纷扰，冲击台湾社会良善传统价值。这也是台湾民众不满台湾媒体的最重要方面。

这种现象是如何产生的？先来看台湾媒体的发展史。

在两蒋时代，台湾主流媒体基本上是"老三台"的时代，就是前面所述的台视、"中视"与"华视"。台湾很多50岁以上的民众认为，"老三台"虽然为国民党执政服务，但因为属于公家经营，新闻处理上还是有可看之处，加上当时资讯渠道匮乏，许多人可以通过收看新闻充实知识，优质新闻起到正向作用。李登辉上台后，随着时代和媒体技术的发展，台湾的媒体格局开始改变。

为了打破国民党长期垄断的媒体话语权，民进党和一些民间知识分子团体等在1995年开始发起活动，要求"党政军退出媒体"，也就是要求国民党退出对媒体的控制。国民党当局开始松动对电视媒体的控制。

1997年6月，台湾第一家民营无线电视台"民间全民电视股份有限公司"（民视）正式开播，成为继"老三台"之后成立的第四家无线电视台，被台湾社会称为"第四台"。

经过二十几年发展，民视现在被台湾社会公认为立场最绿的媒体之一。同时，台当局也在20世纪90年代中期开放有线电视登记。从此，电视台在台湾如雨后春笋般猛增。加上在1988年初台当局已开放"报禁"，报纸已早于电视数量开始迅速增加。这些媒体基本为企业大老板和大财团所拥有。

陈水扁2000年上台后，为清除国民党对媒体的影响，加速推动"党政军退出媒体"。2003年，民进党推动台"立法院"通过了被台湾社会称为"党政军退出媒体条款"的几部相关法规。民进党利用手中掌握的权力和资源一步一步将国民党挤出媒体，国民党逐渐失去了对媒体的控制权和主导权。

在民进党当初要求国民党退出媒体时，至少表面上看起来其主张"党政军退出媒体"是玩真的。

2003年，民进党全力推动"修法"力求实现"党政军退出媒体"时，舆论质疑当时的民视创办人兼董事长蔡同荣却是民进党中常委和"立委"，与其"党政军退出媒体"主张扞格，蔡同荣应该退出民视。对此，在"修法"完成前，有民进党籍"立委"在民进党中常会发难，要求蔡同荣信守"党政军退出媒体"承诺。蔡同荣也在当年宣布退出民视，辞去董事长职务。

可是，经过后来这些年的发展，台湾社会和蓝营却发现，就在国民党退出媒体的时候，民进党却通过各种方式逐渐进入媒体，与控制媒体的财团相互扶持，民进党内各个派系更争相拉拢或打造自己掌控的媒体，民进党也因此拥有了台湾多家主流媒体的话语控制权，岛内媒体严重绿化。

以在岛内各新闻台收视率居前的三立电视台为例。台湾多家媒体陆续披露，三立电视董事长林崑海经过多年经营，凭借三立电视的话语权和三立集团横跨地产、媒体、游乐园等产业的庞大财力，在民进党内影响力与日俱增，已在民进党内形成实力不容小觑的"海派"（对外自称"涌言会"）。

以林崑海为掌门的"海派"不仅拥有民进党中常委席位，在2020年1月选举产生的新一届"立法院"中，有4席民进党籍"立委"可视为"海派"人马。在各县市议会，有些议员也被归为"海派"。2020年5月举行的民进党各县市党部主委改选，"海派"支持的人选拿下高雄市和新北市这两大重镇，在民进党内影响力大增。台湾主流媒体惊呼：至此，"海派"已拥有四席"立委"、两名民进党中常委；若再加上新北、高雄两市党部的关键地盘，其政商媒的综合势力谁敢抵挡？①

对于"海派""政媒两栖"的做法，连一些绿营媒体（支持民进党内其他派系的媒体）也公开表达不满，提醒绿

---

① 社论：《那些反党政军介入媒体的君子们今安在？》，台湾《联合报》，2020-05-29。

营不能忘记当年对"党政军退出媒体"的追求和承诺。

对于和三立电视的紧密关系，民进党却毫不避嫌。台湾地区领导人选举和县市长选举多次候选人电视辩论，民进党阵营指定由三立电视承办。

民进党内各个派系纷纷同掌握媒体的财团暗通款曲，与媒体老板各取所需，谋求扩大本派系影响力。

荒谬的是，2003年曾要求蔡同荣退出民视的民进党籍"立委"，在2019年至2020年选举期间担任民进党内高层，却对"海派"公然推选"不分区立委"人选毫无疑义。这一荒谬状况，让有些资深民进党籍政治人物和绿媒看不下去，呛声民进党应该比照当年要求蔡同荣的同一标准。

对于外界的持续质疑和批评声浪，民进党要么制式回应"党政军退出媒体的立场没有变"，要么苍白地强辩称民进党中常委没有人经营媒体，所谓"海派"只是媒体定义，这些人要支持谁，民进党没有评论。①

对此，媒体痛斥："党政军退出媒体"这个口号对民进党来说，早已成为过去式；当年，在民进党压力下，被迫卸下民视董事长位置的已故"立委"蔡同荣，永远不会想到现在的民进党，竟然更大胆、更直接将手伸入媒体。对民进党

---

① 《当年喊党政军退媒体 林浊水：海派入民进党很糟糕》，ET-today 新闻云，https：//www.ettoday.net/news/20160719/737925.htm，2016-07-19。

而言，派系是必要之恶，虽然名义上解散多年，实际上仍持续运作，而且比以前更进化，会选择自己扶植或经营媒体，不让其他派系一派独大。至于政党退出媒体，请忘了吧，连喊都不必再喊。①

媒体"绿化"

民进党 2016 年重新上台后，为了营造于己有利的舆论环境，主要利用两招收编和控制媒体，这两招可简化为一拉一打。

拉，就是通过利益拉拢亲绿媒体，与绿媒结盟。据台湾媒体统计，民进党当局"执政"的 2016 年 5 月 20 日至 2020年 6 月 4 年间，共提供媒体约 113 亿元新台币的标案（即招标项目）。得标金额最多的前三名分别为公视 22 亿 9259 万元新台币、三立电视 17 亿 6347 万元新台币、民视 16 亿5368 万元新台币，总计约 57 亿多新台币。在统计的 45 家媒体中，前三名媒体得标金额的总和就占了总金额的一半。②这三家媒体中，公视虽有"公共电视"之名，但在民进党上台后，经过人事更换，立场偏绿。三立、民视更是被台湾民

①《请忘了党政军退出媒体》，台湾《联合报》，2020-04-09。
②《蓝爆蔡"政府"搞大内宣　亲绿媒体标案花逾 50 亿》，联合新闻网，https：//udn.com/news/story/6656/4738945，2020-07-29。

众戏称为民进党的官方电视台。民进党当局通过预算"肥水不流外人田"与亲绿媒体进行利益交换，把绿媒绑成"利益共同体"，为其施政效劳。

其实上述这些标案对媒体老板来说只是"小菜"。了解台湾各大媒体老板所拥有的庞大资产帝国就能看出，媒体对这些大老板而言是很小的一块业务，他们根本不寄望媒体能给其事业带来多少利润，看重的是能用自家媒体影响力与政治人物推觥把盏，各取所需为自己更大的生意打开方便之门。走在台湾各大主要城市，会发现一些有影响力的媒体大楼非常气派，其实还有更多表面看上去与这些媒体毫无瓜葛的大楼，它们背后的老板却是同一人。

打，就是对于那些在某些议题上与民进党政见不同声，对民进党"执政"提出不同意见和监督的媒体业者，民进党当局利用多种手段予以"敲打"甚至封禁。

其中最典型也是最狠的做法，就是台当局通过广播电视媒体通讯事业监管机构"通讯传播委员会"（以下简称"通传会"），用电视执照换照审议权和媒体董监事会人事变更同意权等，来刁难和关闭那些被认为立场非亲绿的媒体。

在台当局的行政运行架构中，"通传会"的性质是所谓"独立机构"，本该独立于政党，中立客观地依法作为。但该机构近些年的表现，被舆论直指"已完全变质，成为执政党（民进党）整肃异己的爪牙"。有新闻传播学者对此痛心疾首，多次在平面媒体发文痛斥"通传会"的非专业和滥权作为，但却如犬吠火车，根本阻止不了它不可思议的政治操作。

根据岛内广播电视管理相关规定，各有线电视台每6年需向"通传会"申请换发一次电视执照，届期前半年要送资料审查。各电视台董监事会人事变更案也需要得到"通传会"的同意。如果电视执照换发不被通过，就意味着电视频道不能再播出，等同被关台。

2019年至2020年，被认为立场非亲绿的TVBS电视台和中天电视台就遭受了"通传会"的种种刁难，中天新闻台更是被当局粗暴关台。

2019年8月，TVBS更换董事长和董监事会成员案送到"通传会"后，正常来说只要程序合乎要求，董事会成员符合任职资格，就应通过审查。但该机构却一拖再拖，多次开会审查却仍未定案，持续对TVBS提出质疑和要求，包括指称TVBS新任董事长据说常到"新闻部"走动，恐有干预新闻走向之嫌，要当事人"到会说明"；还认为TVBS副董事长拥有三成多股份，但他"一直都没有经营权与发言权"，也要当事人"到会陈述意见"。一家名义上的官方"独立机构"，以这些理由拖延通过一家媒体的董监事变更案，对一家企业内部经营行为如此指手画脚、鸡蛋里挑骨头，让学者直指"不可思议"。①

2020 年 7 月，"通传会"终于以"附附款"的方式通过了 TVBS 董监人事变更案，三项附款包括：一是 TVBS 必须补实具媒体专业背景的总经理；二是该台应订定"新闻编辑室公约"送"通传会"备查；三是 TVBS 必须遴选 1 名具新闻专业背景且无持股的自然人董事。

这些附款被台湾媒体称为"破天荒"的要求，因为"通传会"此前对媒体从未有过类似要求。毕竟，作为一家民营公司，TVBS 董监事会人选应该按照公司治理的市场规则来实施，但对此类疑问，"通传会"一概以"新闻专业性要求"回复，还威胁称，TVBS 若未履行这三个附款，"通传会"保留废止 TVBS 董监变更原处分的权力。该机构还特意要求 TVBS"确实遵守两岸交流与关系人交易揭露相关规定"，提醒"希望广电业者能遵守台湾的两岸相关法令"。②

审查一家媒体公司的董监事会人选变更案，最后竟然语带威胁地扯到两岸交流，"通传会"对 TVBS 提出的种种所谓"新闻专业性"等冠冕堂皇的要求，也就不让人意外了。

对于 2020 年 12 月要迎来 6 年一次换照审议的中天电视

①王健壮：《这个独立机关忘了我是谁》台湾《联合报》，2020-04-05。

②《TVBS 董事长变更"附附款"方式通过　NCC 破天荒要求增设自然人董事》，风传媒，https：//www.storm.mg/article/2875270，2020-07-22。

新闻台，"通传会"的批评和处理手段更是让人啼笑皆非，完全看不到一家监管机构的客观和公正作为。

比如，"通传会"称，对中天新闻台的一位政论节目主持人的风格"非常不敢苟同"，称"主持人应该扮演司仪角色，不是扮演主导角色"。该机构还纠正担任中天新闻台独立审查人的大学新闻系教授，称他的角色不应是"警察或教师"，而应是"导师与专家"的监督角色。这些说法并无指出中天新闻台究竟是触犯了哪些监管规定，却以含混不清的说法对节目内容和主持人风格品头论足，对专业的新闻学教授进行角色指教，让专业人士徒叹可笑与无奈。

2020年9月，"通传会"做出就中天换照案召开听证会的决议，这是"通传会"成立14年来第一次为了电视台换照审查召开听证会。有媒体和学者质疑，为公平起见，是不是未来所有新闻台申请或换照时，都要开听证会？对此，"通传会"并无正面回应。

2020年10月，"通传会"如期举办了这场听证会。该机构提出的八大质疑，竟然包括中天新闻台换照案对"国安"有何影响？但却拿不出具体证据。长达5个小时的听证会中，不但程序充满瑕疵，"通传会"官员及该机构聘请的所谓专家"鉴定人"的非专业性和粗鄙提问，更是让观众哭笑不得，有网友认为看了听证会，发现该关门的是"通传会"。绿营也有人看不下去，批评"通传会"僚气十足，处处限制中天新闻台的代表发言，完全无助于厘清事实，也无助于社会大众了解事情的真相。"通传会"选定的七位鉴定人，过往立场清一色的反中天，更让舆论认为这是一场"走过场"的听证会。

这场"走过场"的听证会之后，2020年11月18日，"通传会"做出裁定，决议不予中天新闻台续照，中天新闻台因此被迫于2020年12月12日零时起停播，台湾新闻史上破天荒地出现电视新闻台被当局关台的恶劣先例。

在"通传会"做出决议前，台湾舆论反复呼吁民进党当局不能关掉中天新闻台，"不要开民主倒车"。一些绿营学者和媒体人士也发声称，不同意中天新闻台的某些观点，但基于"新闻自由"原则，不赞成当局关闭中天新闻台，此例一开，形同岛内"新闻自由开倒车"。各媒体和机构的民调显示，多数台湾民众反对关台。但是，社会舆论和民意依然阻止不了靠主张"百分之百言论自由"起家的民进党依照早就准备好的剧本关掉中天新闻台。

作出关台决议后，"通传会"负责人辩称，中天新闻台最大的问题就是大股东干预新闻台运作。这个理由简直让人笑掉大牙，多位学者和媒体人士发出质疑和抗议，要求该负责人举例台湾哪家媒体的老板，不曾干预新闻台的新闻运作？哪家新闻台的新闻导向不受老板影响？

有学者质疑，如果拿今天检视中天新闻台的标准来检视台湾其他电视新闻频道，有没有任何一家新闻台能完全通过这样的检验？① 之所以会有这么一场中天新闻台面临被撤照关台的风波，有媒体人直指，中天基本立场是反"台独"，这才是这场政媒冲突的一切根源，其他都是衍生枝节。② 对中天新闻台迳行撤照，对大部分媒体来说，它就是一种"震撼教育"，代表的意涵是"你们不听我的，下场就如中天"。③

民进党当局为了确保岛内主流舆论清一色支持当局，附和当局"反中""抗中"政策，处心积虑把异议媒体当作逆反者，必欲除之而后快。民进党当局关中天，是要让"反独"从台湾的电视新闻台"消音"，以此制造寒蝉效应，在舆论场达致"唯绿独尊""唯'独'独尊"。

这种挟行政权力遂行政治目的的恶劣做法，一再印证了民进党当局"顺我者没事，逆我者难过"的荒谬作为。

民进党通过拉拢和打压媒体，致使近年来台湾媒体环境"绿化"明显，社会弥漫着寒蝉效应。绿媒与民进党结合得更紧密，非绿营的电视新闻台迫于执照审查和各种"查水表"处罚的压力，往往也不太敢忤逆民进党意志。台湾民众常说台湾90%的新闻媒体已被民进党控制，可见民进党通过

①胡幼伟：《践踏专业的鉴定人》，台湾《中国时报》，2020-10-27。
②黄年：《刀下留中天一个活口吧》，台湾《联合报》，2020-10-25。
③许志明：《"不听我的，下场如中天"》，台湾《联合报》，2020-11-19。

权力和资本驯服控制媒体的程度之深。

在西方社会，新闻媒体常被冠以"无冕之王"，媒体往往也自我期许为"第四权"。台湾社会制度虽然选择了西方模式，但问及民众对媒体的看法，多摇头叹息。财团对媒体的控制和政媒结合各取所需，媒体并没有发挥应有的所谓"第四权"作用，这是社会共同认知。民进党在台上时，绝大部分媒体"不监督执政党，却监督在野党"成为台湾媒体运作奇观。

民众感叹"媒体是社会乱源"，也就不奇怪了。

依笔者看来，媒体不仅是台湾乱源之一，绿营媒体更是丑化大陆、恶化两岸关系的重要打手。

不夸张地说，有的绿营报纸的社论和言论文章几乎每天都在黑大陆，绿营电视台的政论节目名嘴信口胡诌，极尽抹黑大陆之能事。

这些绿营媒体和名嘴对于涉及大陆的新闻，几乎不查证，只要符合丑化大陆、加深台湾民众对大陆恶感、恶化两岸关系这一主旨方向的新闻，随意刊播，看不到新闻专业伦理何在。海外一些反华媒体关于大陆的谣言，常成为绿媒和名嘴们的新闻素材。

所以，名嘴们常会爆出"大陆人连榨菜都吃不起！""大陆没有肉没有粮……大陆没有蛋白质，缺乏到要去吃田鼠！"等在大陆民众看来近乎弱智的言论，就不足为奇了。

再以新冠肺炎疫情报道为例。2020年1月下旬至2月，大陆疫情高峰阶段，绿媒对大陆疫情的报道集中在"病人无处收治""隐匿病情""经济受重创"等角度，对大陆兴建方舱医院等防疫举措的报道充满戏谑和嘲讽口吻，甚至把社交媒体平台一些已经澄清的谣言作为视频素材在新闻节目中反复播出。更有甚者，个别绿媒跟随西方媒体起舞，在新闻节目中打出"中国病夫祸全球"的字样，对包括台湾人在内的所有中国人进行公然侮辱。这种极端"仇中"的丑恶操作也受到岛内舆论挞伐。

进入3月份，大陆疫情明显缓解，各地复工复产稳步推进。大陆还陆续展开国际援助，力所能及地派遣防疫专家至国外协助当地防疫工作，并捐赠防护设备。然而，对于这些新闻，绿媒要么不报，要么顽固抱持怀疑态度；绿媒还恶意攻击那些对大陆疫情防控做了客观报道的岛内媒体。

2020年7月至8月，大陆一些地区发生洪灾，绿营电视台和名嘴天天喊"三峡要垮坝"。后来，台湾一所大学通过遥感数据发布"三峡大坝坝体并无明显变形"的新闻，绿媒则只字不提。

至于"三峡大坝泄洪淹掉凤凰古城、黄河水杀到钱塘江口"等抹黑到可笑的新闻，虽被民众指出错误，媒体也不会道歉，当然更不会受到主管部门"通传会"的"提醒"和处罚。

那些海外媒体对于大陆的批评和大陆"丑陋"面的报道，绿营媒体往往如获至宝反复播出；而海外媒体所做的关于大陆各方面发展进步的报道，绿营媒体则视为无物。

绿营媒体的这些操作手法，基本思路就是向台湾民众不断灌输"大陆脏乱差""全世界都讨厌大陆"的意象，在台湾社会营造"反中""仇中"的氛围，凸显大陆与台湾的"异"，加深台湾民众对于两岸统一的恐惧。

对于主张两岸交流合作的台湾政党、团体和人士，绿媒长期以"亲中卖台""两岸买办""接受统战"等标签进行污名化报道。在两岸关系紧张动荡的 2019 年至 2020 年，岛内但凡有影响力的人士发声呼吁民进党当局应采取实际举措缓和两岸紧张局势，恢复两岸对话和交流，绿媒与绿营网军等侧翼就一哄而上极力讽刺抹黑，成为岛内缓和两岸局势的舆论阻力。

由于财团和政党深度结合控制媒体的结构性问题存在，政党必然难以拒绝通过掌控媒体为自己争取选票营造有利舆论环境的诱惑，拥有媒体的财团也不会舍弃政商结合捞取利益的轻松路径，这就决定了台湾媒体的乱象难以改变。

最美的风景是人？

2008 年两岸实现"三通"后，越来越多的两岸民众赴对岸观光、交流。压抑已久的同胞之情，对彼此长久以来的好奇终于有机会表达和探究。无数大陆民众赴台旅游，感受宝岛风光和同胞热情。

很快，台湾同胞在中华文化熏陶下展现出的温和有礼、良善包容、互助友爱等良好素养，在大陆舆论中赢得了"台湾最美的风景是人"之美誉。对此，笔者也深有体会。

2010年7月，笔者与大陆驻台媒体同行们前往被认为是"深绿大本营"的台南采访，某日中午在距2004年"3·19"枪击案（也称为"两颗子弹"案。当年"大选"投票前一天，谋求连任的陈水扁在老家台南拜票时受到枪击，该事件至今扑朔迷离，被认为是选情落后的陈水扁在3月20日逆转险胜的重要原因）发生地不远处金华街的一家担仔面馆吃饭。

店里的当地消费者听到我们与店员打招呼和点菜的口音后，纷纷向我们投以好奇的眼光。待我们开吃后，邻桌的几位食客开始主动与我们攀谈。他们热情而略带克制地问我们来自大陆哪里，问我们对台湾、对台南的印象如何？还为我们介绍台南的特色小吃。待我们吃完准备离开时，有民众对我们说：别看电视新闻吵来吵去的，那都是政治人物的事，我们是普通老百姓，欢迎你们来台湾观光。

那些老百姓的淳朴热情，那种发自内心地对我们的欢迎，至今难忘。

还有一次经历。2014年5月，笔者赴嘉义采访完安徽经贸文化访问团在当地的交流活动后，下午顺道上阿里山采访。

第二天上午在阿里山上采访时，一对来自云林的夫妇从我的口音判断我来自大陆，热情地与笔者交流起来。这对淳朴的夫妻告诉笔者，他们育有三个孩子，家里做着小生意。孩子现在都大了，夫妇俩终于有时间平生第一次上阿里山看看。愉快地聊着走着，不知不觉时间已近中午，笔者也准备下山。夫妇二人主动说，阿里山下山的班车不多，还得等，他们邀请笔者坐他们的自驾车下山。

盛情难却，我上了他们的车。这对友善的夫妇一直把我送到嘉义高铁站，再开车返回云林（当时云林高铁站尚未开通）。在嘉义高铁站，他们还问要不要一起吃点东西再回台北。笔者实在不好意思耽误他们更多时间，以赶回台北有急事为由婉拒了。站在嘉义高铁站，看着这对淳朴善良的夫妻驾车离开，那种内心的温暖永远难以忘怀。

常在台湾驻点采访的大陆媒体同行，几乎都有遇到台湾民众热情相助的经历。很多大陆游客对此亦有深刻体会。这种温暖，构成了"台湾最美的风景是人"的重要底色。

"最美的风景是人"，主要是台湾民众表现出了中华传统文化的底蕴。温良恭俭让的传统，在绝大多数台湾民众身上都有体现。

然而，遗憾的是，过去几年来，在持分离主义立场的政党和政治人物操弄下，经过特定媒体和政治势力所豢养网军的推波助澜，台湾社会撕裂加深、对立严重。温良恭俭让的中华优良传统有褪色之虞，让台湾一些秉持理性公道的主流媒体和人士痛心疾首。

以 2019 年底至 2020 年这一年多时间为例，这期间涵盖了台湾"大选"至新冠肺炎疫情肆虐全球的时期。一些民众因为特定政治立场而展现出来的冷漠甚至冷血，他们对持不同立场人群的歧视和言语霸凌，在特定政党和政治人物的鼓动和默许下，成了摧毁"最美的风景"的暗黑力量。

也是因为目睹了这一切，2020 年"大选"投票前，台湾一家公营事业单位的负责人在与我们交流时不无忧虑地说，这次选举中，政党和候选人可以为了胜选不择手段，是非已经不再重要。作为孩子的父亲，他说自己以后都不知道怎么教育孩子，因为孩子看到了社会是非不分、颠倒黑白，他不知如何跟孩子解释。

2020 年 1 月 11 日"大选"投票前的最激烈阶段，1 月 9 日晚，国民党阵营在台北举行选前最后造势，有年长的支持者向附近的台大医学院借洗手间，却被学院的年轻学生轰出。享誉台湾的"爱心菜贩"陈树菊老人因为表态鼓励国民党韩国瑜，在网络被一些网民讥讽为"老人智力一向不足"。

凡此种种，一再显示出面对"大选"这一场政治活动，有些人丧失了做人的基本规范。一些主流媒体对这种丑恶的行为和现象进行了及时揭批，但很快就遭到持不同意见的名嘴、网军铺天盖地的攻击和围剿。那些不支持韩国瑜和国民党的亲绿主流媒体则根本不对这种失序行为做任何报道。

媒体理应引导社会向善风气，对辱骂老人这类违背社会良知的脱序行为，负责任的媒体做出负责任的理性报道是不难的。遗憾的是，在政治化操作下，台湾的一些媒体放弃了应有的责任，一些自甘堕落的媒体甚至与政治势力绑在一起为社会注入了肮脏的元素，令"最美丽的风景"蒙尘。

更让希望两岸关系和平发展的人们感到痛心的是，当新冠肺炎疫情日益严峻时，台湾一些政治人物、特定媒体和绿营侧翼网军对同胞健康的冷漠和视大陆为寇仇的言行。

2020年1月下旬，为了防止疫情扩散，武汉宣布实施"封城"防疫。台"行政院"负责人竟然立刻下令禁止口罩出口。虽然在舆论质疑下，台官方称这一管制"并非针对大陆"，但这一欲盖弥彰的政治表演，彰显某些政治人物在"反中"意识形态作祟下丑恶的人性。

更令人寒心的是，当慈善机构为大陆捐赠抗疫物资时，当一些台湾艺人和公众人士自行购买口罩捐赠大陆时，却遭受台湾一些特定网军"出征"霸凌。一些社交媒体上充满了针对大陆疫情的情绪性发言，甚至连绿营政治人物表达"台湾可为大陆抗疫提供必要协助，这样也是为台湾好"的看法，也被不少民进党支持者出征。在网络社区，对台当局禁止口罩出口提出质疑的、为大陆抗疫加油鼓劲的、呼吁当局尽快接回滞留湖北台胞的正当和理性言论，都被护航网军集体出征，无辜惨遭民粹网军的辱骂，甚至连家人也被起底。

2月初，在大陆方面的全力协助下，滞留湖北的首批台胞返回台湾后，对于继续留在湖北期盼尽快返回台湾的台胞，台当局极尽各种拖延和阻挠话术。一些具有深绿背景的医师在网上发起连署，要求只有具有台湾身份的台湾人才能登上包机返台。甚至在 24 小时内，当局政策数易其辞，直接规定大陆配偶的子女若未加入台湾籍就不得入境台湾。一些网民和媒体报道对那些依然身处大陆的台胞，对于大陆疫情，不但没有表现出哀矜之心，还多加嘲讽、污蔑，幸灾乐祸溢于言表。凡此种种，不胜枚举，令人齿冷。

台湾知名作家杨渡曾在自己的社交媒体账号转发一段有关武汉抗疫的视频，讲述的是一位志愿者在天寒地冻的天气开车帮助医护人员上下班的过程。就是因为转帖这么一段彰显人性光辉的视频，杨渡竟被一些网军出征，他们质疑杨渡为何不谴责大陆，却还为他们祈祷？对此，杨渡投书媒体质疑：这是什么逻辑呢？为受苦的生命祈祷，却被扭曲成政治不正确，好像世界只能有一种仇恨政治，其他都是政治不正确。这样的仇恨政治，弥漫网络，甚至一些媒体人也染上了病毒般，先分敌我，再分阵营，以仇恨语言在搏杀，搏眼球。[①]

"伤人以言，甚于剑戟。"当时身处台湾的笔者，看到政客和特定媒体的一幕幕演出，看到网络乡民的尖酸刻薄，难免心寒。这还是那个"最美的风景是人"的宝岛吗？在疫情等灾难面前，人性会充分展现。人性会展示最自私的一面，也会展示人类最高尚的大爱行为。对于大陆发生严重的新冠肺炎疫情，很多国家和地区表达敬意、慰问和支持，纷纷送来口罩、防护衣等医疗物资。而距大陆最近、与大陆人民血缘关系最亲、经贸交流也最频繁的台湾，这些政客、媒体和网军为何却表现得如此冷漠甚至冷血呢？人性何以扭曲至此？

近几年，从社会表层看，台湾"最美的风景"在变，原因是多方面的。但台各界的共识是，2016年重新上台的民进党"厥功至伟"。

为了扭转2018年11月"九合一"选举大败的颓势并争取赢得2020年初"大选"的胜选，2019年至2020年，在台湾社会内部，民进党集结绿媒，收编名嘴，用公帑豢养大批网军，穷尽一切手段对在野党和监督力量进行毁灭式攻击。动用法办、起诉等多种手段对支持在野党的群众"查水表"，

---

①杨渡：《我在乎的，只是那个孩子》，台湾《中国时报》，2020-02-21。

制造恐怖和寒蝉效应。这些只为胜利、不问正义的政治操作，导致台湾社会内部分裂更严重，双方支持者势同水火，媒体尤其是网上戾气横流，充满仇恨和人身攻击。"最美的风景"黯然失色。

两岸关系方面，选举一到，民进党又大举操弄"抗中保台"意识形态牌，挑起"反中仇中"民粹，靠制造仇恨和恐惧来捞取选票。

外部环境方面，2018年至2020年，为遏制中国崛起，美国不断挑起对华贸易摩擦，打压中国高科技企业和技术、禁止含美国技术芯片出口中国等手段倾巢而出；为了转移美国民众对国内防治新冠肺炎不力而产生的不满情绪，为了冲刺2020年11月大选选情，美国政客不断将矛头指向中国。同时，美国不断打"台湾牌"遂行"以台制华"目的。美国国会出台多部口惠而实不至的"友台"法案，扩大对台武器出口，并先后派遣卫生与公共服务部部长阿扎、国务院副国务卿克拉奇访台，为民进党当局营造"美台关系处40年来最好"幻象。

美国的种种做法让民进党当局和"台独"势力备感兴奋，认为"中美对抗"给台湾地区带来前所未有的机遇，甚至憧憬"台美关系踏出关键的一步"。在美国的"鼓励"下，民进党当局全面"反中亲美"，甘当美国"反中"马前卒，高举"反中仇中"意识形态牌，配合美国抹黑中国大陆防疫抗疫举措，极力恐吓、阻挠两岸交流，助推致两岸民意对撞，给台海和平带来严峻挑战。

在"去中国化"教育下成长起来、尚无生活和工作压力的岛内年轻一代，被民进党和其操控的媒体、网军成功操弄成支持民进党的急先锋，民进党在选举中收获了民粹的果实。

民进党2020年初胜选后，岛内舆论和有识之士普遍认为面对突如其来的新冠肺炎疫情，台方应向大陆表达善意，以缓和严峻的两岸关系。但民进党控制的媒体和网军延续选举以来的"反中仇中"思维方式，对大陆进行污蔑和丑化。为了维持既得政治利益，民进党不但未能有效导正民粹风潮，还放任甚至主导各种歧视性的政策和言论，甚至为了替"禁止口罩出口"等歧视性粗疏政策开脱，还发动豢养的网军出草意见相左者，这种推波助澜的恶意操作，造成民粹与当局政策相互裹挟前行的恶性循环。

台湾有论者指出，"台湾最美的风景是人，但政客是台湾最丑的风景"。这一说法虽然极端，但不得不说，台湾一些政客的作为，尤其是面对大陆时的"反中仇中"言行，常不断冲击常理甚至是人伦、道德的底线，令常人不齿。

新冠肺炎疫情发生后，民进党当局在2020年2月初即以疫情为由宣布禁止大陆籍人员入境台湾。在疫情之初，这一做法尚可自圆其说，因此并无引起舆论太大反感。

然而，随着大陆疫情自3月中下旬起明显得到缓和，民进党当局却迟迟不开放大陆籍人员特别是两个特殊群体入台，引起了两岸各界的愤慨。批评民进党当局"冷血""侵犯孩子团聚权""侵犯学生受教权"等字眼，常常见诸台湾媒体，但民进党当局却始终置若罔闻、不为所动。

这两个特殊的群体就是在台就读的大陆籍学生和两岸婚姻家庭中尚未取得台湾身份证的幼年子女。

大陆籍学生在 2020 年 1 月寒假期间返回大陆后，自 2 月初民进党当局宣布禁止大陆籍人员入境后，迟迟不能返回学校就读。

两岸婚姻家庭的孩子在春节期间随父母赴大陆探亲、拜年，也被禁止返台。理由是，这些孩子尚未取得台湾身份证，台湾地区流行疫情指挥中心负责人还称这些孩子"自己选择的'国籍'，必须自己承担"。

暂且不论所谓"国籍"一说是赤裸裸的"两国论"，具体事务层面的真实情况是，这些孩子跟父母同在台湾生活、学习，他们有台湾的居住证，也按台湾方面相关规定缴纳各种费用，但因为在台居住时间尚未达到台当局规定可以领取身份证的最低年限，仍在排队申领身份证而已。也就是说，并不是这些孩子"选择"不要台湾身份证，而是台当局为他们设置了申领身份证所需的严苛条件。

这一情况一直延续到 2020 年 8 月上旬。

8 月上旬是什么状况呢？欧美的疫情仍处于高峰，大陆的疫情已明显得到控制，跨省旅游已经开放，电影院也已经开放。但是民进党当局在允许所有国家和地区的学生入台就学时，却仍然独禁陆生返台，并毫不讳言是"跟两岸相关的一些考量"有关。

同样，到了8月，两岸婚姻家庭的孩子依然被禁止入台。他们不能及时返台读书，也不能回到父母身边。然而，在几个月前，拥有台湾居住证的外国人都已经被允许入境。

至于商务人士，疫情暴发后，民进党当局一直独禁大陆商务人士入境。

台湾地区有学者批评指出，阻绝陆生与陆配子女入境，表面理由是防疫，但美国确诊数高达四百八十多万，中国大陆确诊数仅八万多；美国死亡数十五万多，中国大陆死亡数四千多；美国每日新增确诊数五万多，中国每日仅二三十例，谁的疫情严重，三岁小孩皆知。民进党当局却让疫情严重的美国境外生可以来台，不准疫情轻微的中国大陆境外生入境；美国高官可以"外交泡泡"入境，陆生与陆配子女却没有"教育泡泡"或"人道泡泡"，可见中国或非中国的"身份"，才是民进党当局防疫的最高标准，"反中"是目的，身份管制是手段，防疫只是幌子。[1]

批评可谓一语中的。民进党当局的作为是为"反中"，

①王健壮：《大学校长集体站出来》，台湾《联合报》，2020-08-09。

而"反中"是为了"脱中",恨不得割断一切同"中国"有关的存在。

也正是如此，2020年年初至岁末，除"独禁"大陆外，台湾方面并无禁止任何其他国家和地区的专业和商务人员入台交流。如此赤裸裸的双重标准不断受到岛内舆论挞伐，但民进党当局却不动如山。

前面章节提到，台湾政治人物和官方常把"民意"当口头禅，言必称尊重民意。但研究者早已证明，民意是动态的，也是可以引领的。精于选举的民进党更有炮制和塑造"民意"的丰富经验。

2018年底"九合一"选举大败后，民进党检讨败因，分析得出失败的一大主因为网络声量不够。于是，民进党政治人物纷纷当起"网红"，民进党当局各级部门用公帑豢养的网军侧翼趁势而起。

2019年以来，网军成为民进党制造于己有利"民意"的重要打手。质疑民进党和台当局的声音，只要在舆论场产生影响，就会立刻被网军出征围剿，并以此带风向，再以报纸、电视等传统绿媒配合起舞造势，营造出符合民进党当局要求的人造民意。网络民粹出现"顺我者昌逆我者亡"的"绿色恐怖"氛围。

试问，这样的伪民意不就是民进党刻意"塑造"出来的结果吗？

再举一例。2020 年一季度新冠肺炎在世界迅速蔓延之时，台湾网民对世卫组织秘书长谭德塞大肆攻击谩骂，配合美国政府抹黑污蔑谭德塞"帮中国隐匿疫情"，种族歧视用语充斥网络论坛和社交平台。谭德塞忍无可忍在 4 月初的一次记者会上表示，自己在网络上遭受人身与种族歧视攻击已经长达三个月，并且点名这些攻击就是来自台湾。而台湾当局"外交部"明明知情却坐视不管，反而跟着那些侮辱、毁谤一起批评他，让他难以接受。

面对谭德塞的指责，台当局上下立刻矢口否认，并反击称台湾从无攻击谭德塞个人，台湾向来反对任何形式的歧视，云云。

然而事实是怎样的呢？"黑鬼""垃圾黑人"等对谭德塞人身攻击甚至更难听的字眼在台湾网络社区随处可见，民进党当局对这些网络乡民偏激的歧视性言论未曾有过任何规劝。当局官员甚至也加入网络乡民队伍，展现网络霸凌的丑陋一面。比如，时任台湾当局副领导人攻击谭德塞"成事不足败事有余"；"外交部"负责人针对谭德塞称赞大陆因应新冠肺炎表现，竟然开呛谭德塞是要继续坚持这些言论还是加以撤回；台当局领导人幕僚机构发言人骂谭德塞"得了武汉脑炎吗"，"驻德代表"甚至用下三流的字眼攻击谭德塞，等等。

有这样的官员带头示范，网络乡民如何不群起效仿？这样的"民意"不仅是纵容，更是恶意塑造的恶果。民进党当局为了政治利益，需要时就把这种人造民意拿出来，在绿媒的唱和下，为政策背书以获得"正当性"。

显然，这样的网络"民意"虽然喧嚣，但不能认为这就是台湾社会的主流民意。移动互联网、智能手机普及率日益提高，在"执政"当局不惜用公帑豢养网军充当打手的情况下，"键盘侠"敲击出来的"民意"声量不断放大，在沉默的螺旋效应下，沉默的大多数民众更加沉寂。"台湾最美的风景"因而被政客和网络民粹所侵蚀。

在台期间，笔者常去台北松山区一家面食餐馆用餐，与这家店的几位服务员因此较熟悉。2020年春天，新冠肺炎疫情肆虐全球的季节，他们多次主动跟笔者寒暄，问大陆的疫情怎么样，家人是否安好等。有时还会询问口罩是否够用，要不要他们帮忙购买？每当这时，笔者常常会想，比起网上那些乡民，这样的台湾民众才更真实。他们没有情绪亢奋的谩骂，没有毫无理性的叫嚣。这些台湾人展现的良善和温暖，依然是台湾最美的风景。

笔者宁愿相信，选举期间的台湾社会，因为选举激情和政党为了选票极力挑唆等原因，除了绿营豢养的专业网军外，网上"键盘侠"展现出来的应是非常态情绪，大多数良善的台湾民众被喧嚣的所谓"民意"掩盖了。

本书在写下台湾民众温暖感人之美的同时，也客观记录过去一段时间以来一些民众尤其是网军正在摧毁"最美风景"的丑陋一面，本意不在揭丑，更不是为了挑起两岸民意对立，而是和许多两岸有识之士一样，希望台湾持特定立场的政治势力不要为了一己之私，利用网军和特定媒体继续让台湾最美的风景蒙尘，希望台湾最美的风景美丽依然，希望台湾永远是一个在中华优秀传统文化浸润下充满良善和人性之美的温暖社会。

两岸不断走近在于民相亲，民相亲在于心相通。两岸同胞相互尊重、相互帮助、感情融洽，两岸和平发展才有更坚实的民意基础。

在网络民粹汹涌的时刻，如果台湾执政者不及时降温，反而以为民气可用，以网军带风向，助长民粹之风，从而失去大陆人民的认同，给大陆民意留下台湾"最美的风景"不再是人的强烈印象，是多么让人痛心的事，对两岸关系和平发展有何益处？

如果两岸同胞间一些误解或对立不能得到及时化解，台湾执政者为了政治利益任由两岸人民感情恶化，甚至恶意挑动、升高两岸民意对立，绝非两岸之福。正如台湾媒体人所言，如果有一天当大陆人民对台湾过度失望而不再把你当作同胞时，台湾面临的风险恐将大增。①

----

①《疫情让中日韩更麻吉》，台湾《联合报》，2020-03-02。

第五章

未　来

海峡两岸以及海外所有关注两岸关系的人，向来高度关注台湾未来的走向。2016 年"大选"，民进党大胜；2020 年选举，民进党成功连任。这两次选举期间笔者都在台湾，很明显地感受到，民进党 2020 年以大胜连任后，蓝营支持者担心国民党很难再起；绿营支持者则希望乘胜追击，期待在接下来的 2022 年"九合一"选举中一洗 2018 年"九合一"惨败之耻，甚至乐观地期待更远的 2024 年"大选"。

两岸一些长期研究台湾问题的专家学者，也认为岛内蓝绿板块的变动恐对蓝营不利。

对于这些动态，我们该如何看待？

蓝绿消长与岛内政局

2020 年 1 月 11 日，蔡英文以近 817 万的空前高票（得票率仍低于 2008 年马英九胜选）获得连任。2016 年、2020 年连续两次"大选"胜过对手两三百万票，民进党在"立法院"席位连续两次过半。这一结果，让期望两岸关系和平发展、期待推进两岸和平统一的海内外舆论担心民进党可能在岛内长期"执政"。甚至有的深绿团体和绿媒已经开始鼓噪民进党要做好准备，"为永续执政奠基"。

看到此类言论，笔者犹记得，2008 年，马英九代表国民党狂胜民进党时，有人即称民进党 20 年内起不来。2016 年，蔡英文大胜，有媒体和名嘴断言国民党未来 20 年没戏。2018 年底"九合一"选举，国民党席卷 22 个县市中的 15 个县市长，蓝营支持者乐观认为可坐等民进党 2020 年下台，一些绿营学者也叹称民进党 2020 年不用选了。2020 年，蔡英文又大胜，认为民进党至少在岛内将连续"执政"20 年甚至"永续执政"的论调迅即出现。

是不是很有意思？

笔者列举上述观点，并不是对岛内 2024 年或者更远期的选举结果有何预测，更并不表示笔者认为，通过前几次岛内选举的钟摆效应可以判断民进党 2024 年不可能赢得"大选"。这涉及如何看待台湾政党格局、民意变动、两岸关系、美国因素等多面向问题。笔者想指出的是，一两次选举结果未必能准确反映未来趋势。

一方面，政党轮替是台湾所采取的西式选举政治中的常态，不能因为一两次选举输赢结果就判定某一政党将再起无望、某一政党将长期执政。近年来，选民喜好变化更快，选举钟摆效应更快，没有政党能够轻易"躺赢"。

另一方面，也要看到，2020年的台湾"大选"确实又不同于1996年台湾地区实行领导人直选以来的任何一次。现在的民进党比以前拥有诸多利于其在岛内较长时间"执政"的优势，需要多方面研究分析。

哪些优势呢？

一是民进党在岛内的主要对手国民党"元气"大伤，其他政党要么扮作民进党侧翼，要么力量尚难以对民进党构成威胁。

国民党的"伤"包括两方面。一方面是民进党在2016年重新上台后，通过订立"促进转型正义条例""不当党产处理条例""反渗透法"等手段冻结国民党资产、斩断国民党金脉、全方位清算国民党，让已失去行政资源的国民党举步维艰，甚至连党工薪水都发不出来。在"绿色恐怖"氛围下，台湾企业、团体和个人生怕被民进党当局各级机构"查水表"，给国民党捐款时异常小心，使得国民党募款举步维艰。

西式选举政治是金钱的游戏。"三军未动，粮草先行"，没有金流，要想赢得各种选举，国民党比以前更加困难。而民进党利用"执政"优势，不愁没有资源选举。

此外，几十年来，民进党通过更改课纲操弄史观，并搭配媒体、网络、司法抹黑、抹红、追杀等手段，在台湾社会营造"反中"氛围，给中国国民党更加牢固地绑上了"外来政党""买办财团"等标签。国民党统治尤其是两蒋政权在年轻人史观中成为"侵犯人权""打压台湾人""黑金政治"的代名词。年轻人普遍对国民党无好感，是不争的事实。这样的国民党形象，想在岛内重新执政，比以前的难度更大。

另一方面，则是国民党"自伤"，这是国民党更大的问题。

接连两次"大选"失败后，国民党内弥漫着失败主义，一些政治人物怀忧丧志，社会看不到这家百年老店所宣示的改革和新气象。国民党多年来坚持的两岸政策路线在外界看来有些动摇。蓝营支持者也因此有所泄气，显得茫然和无所适从。

对于绿营铺天盖地的系统性抹黑、抹红，国民党常选择默不作声，不敢正视历史，不能将自己对于台湾经济起飞、对于两岸和平发展的贡献理直气壮地大声告诉社会，以为对历史装聋作哑，就能讨好绿营支持者，取得台湾社会"原谅"，以致对于日本殖民者日据时期在台湾犯下的滔天罪行都噤声不语，甚至拿香跟拜民进党对日据时期殖民者在台种种作为进行所谓"客观评价"。国民党这样的作为，让很多蓝营支持者感到寒心，常有恨铁不成钢之感，如何能奢求更多社会大众赋予其更好的社会形象？

未来几年，国民党如果不能坚定路线，集合执政县市和"立法院"力量，拿出县市执政和监督执政党的亮眼表现，要想再起，确实比以前更加困难。

二是民进党利用"执政"资源，展现比以前更强的"修复能力"。2018年11月的"九合一"选举，民进党在22个县市长选举中，从原本13席掉到只剩5席，蔡英文当局及民进党支持度掉到谷底。社会普遍认为即将到来的2020年"大选"，民进党大概率将下台。在"九合一"选后的几场研讨会中，笔者听到一些绿营人士也持相同看法。

但随后，民进党快速整合党务、行政、党内派系，并利用"执政"优势穷尽各种资源，收编媒体和名嘴等意见领袖，拨用公帑豢养网军，出台"反渗透法"等在岛内制造"绿色恐怖"，声势逐渐止跌反弹，一路对国民党穷追猛打，在不到14个月后的2020年1月竟取得选举大胜。

当然，民进党能取得2020年选举胜利，涉及国民党内斗不止、美国因素以及民进党借香港"修例风波"操弄民粹等多方面利多，但也确实展现出民进党的极强修复能力。

民进党本就是派系共治，在各种选举的党内初选中相互攻讦也是家常便饭，但这个政党在岛内被公认为"太会选举"，为了取得"执政"权，党内初选完确定候选人后，初选过程中"杀到刀刀见骨"的嫌隙可以立马暂且放下团结对外，赢得胜选后再在派系间分配权位和资源。因此，民进党在各级选举中展现极强战力。这些特质，历来是国民党所欠缺的。

以 2020 年 6 月绿营发动罢免高雄市长韩国瑜为例。2020 年"大选"尚未结束时，民进党即开始提前发动"罢韩"连署。且为了维持政党中立的形象，民进党不出面主导"罢韩"，而是改由民进党主政高雄市时期的前高雄市政府官员和民进党的侧翼政党推动，美其名曰"民间团体"。

随着 6 月 6 日"罢韩"投票日期的临近，民进党"执政"当局全然不顾恪守"行政中立"的要求，用尽行政资源全力动员为"罢韩"创造便利条件。

台湾高铁在 5 月 27 日至 6 月 9 日期间特别推出"大学生双周快闪优惠"，为大学生乘坐高铁推出大幅优惠方案。这段时间既未到暑假，也未逢岛内任何假期，却正好横跨"罢韩"投票日。教育主管部门通知台湾各高校，6 月 6 日以"放假"方式处理师生员工投票；交通主管部门促台铁"保障劳工投票权益"，在投票日以"放假"方式处理员工投票，同时须给付员工工资。防务部门特别将"国防大学"

入学考试延期，以利考生投票。这些举措其实目的只有一个，就是让更多人尤其是较支持民进党的年轻人，在"罢韩"投票日当天回高雄投票罢免韩国瑜。

民进党当局各主管部门大小不拘的助攻"罢韩"行为，引起岛内少数有良知媒体的质疑和批评，但当局各部门不畏清议，强行狡辩或干脆不回应，继续妄为。

在2016年重新上台尤其是2018年"九合一"选举大败后，民进党比2000年至2008年陈水扁"执政"时期有了更多收编各种力量和摆平不满者的"经验"，绝大多数媒体在财团利益主导下倒向绿营，岛内媒体绿油油一片，反对民进党的声音越来越小。媒体中的民进党形象远比国民党"会做事""顾台湾"。

三是选民结构的变化和民进党对蓝营基层的持续瓦解。年轻人一面倒的支持，是蔡英文2020年高票获得连任的最大助力，这是选后岛内各界的共识，岛内选举研究机构通过大数据分析也支持这一结论。经过20多年的"去中国化"教育，加上民进党多年渗入校园和网络平台的持续经营，并注意为年轻人提供发展平台，岛内40岁以下的年轻人已成为民进党的重要支持力量。

当然，也有论者认为，年轻人没有特定的政党取向，他们也会"慢慢长大、变老"。说法是不错，但是，年轻人"变老"后还有新的年轻人成长为"首投族"。在岛内课纲不改的教育模式下，学校培养出来的一代代年轻人在刚刚踏入社会时，特质大概是一样的。在"去中国化"教育下成长的年轻人的认知中，民进党自然比中国国民党更具有"本土性"，他们也更容易成为民进党的支持者。

在台湾各个层级的选举中，地方派系和"桩脚"有着重要作用。尤其开放选举的早期，在讲究土亲人亲的基层，地方派系和民间团体拥有很大动员能量。近些年来，随着资讯传播的便利，选民自主性提高，但各阵营对地方派系和"桩脚"依然不敢小觑并极力拉拢。

由于历史的原因，台湾各级农会、水利会与各地方派系有着紧密关系。这些系统早年基本是在国民党的扶持下壮大，因此总体以支持蓝营居多。民进党在 2016 年重新上台后，为了寻求长期"执政"，开始把手伸入农会及水利会系统。

在希望透过水利会选举途径进行收编失败后，民进党 2018 年凭借在"立法院"的多数席位优势，通过"农田水利会组织通则"修正案，直接将农田水利会改制为"公务机关"，停止办理会长及会务委员选举。现任会长任期只到 2020 年 9 月 30 日，10 月起新任会长全改官派。水利会被民进党顺利收编。

民进党"立委"2020 年 5 月提出"农会法"修正草案，核心内容是明订台湾地区农会应有当局主管机关指派理、监事，且名额最高可达 1/3。

绿营通过这些动作一步步蚕食蓝营的基层"桩脚"，瓦解蓝营基层支持力量，进一步扩大和巩固绿营支持群体。

四是外部因素，主要就是美国因素。

台湾社会有一个在大陆民众看来难以理解，甚至感到难以接受的不正常现象：不分蓝绿的台湾政治人物，在选举前往往都会去美国"拜码头"，或者至少表态想去美国参访。不管对这种行为如何不理解，但这却是客观存在的现象，它反映的是台湾问题具有长期复杂性的一个重要因素：美国在台湾社会拥有实质影响力。

这是 1949 年以来两岸关系、冷战史等多方面因素影响下长期形成的问题。

1950 年 6 月，朝鲜战争爆发后，美国总统杜鲁门声称"共产党军队占领台湾将直接威胁太平洋地区的安全"，立刻下令第七舰队侵入台湾海峡，公然以武力干涉中国内政。此举当时不但迟缓了解放军渡海解放台湾，也影响了海峡两岸至今不能完全统一的格局。

此后几十年，美国出于自身利益，又不断出台各种声称保护台湾安全的法案，并不断对台"军售"。

美国的这些行径，加上台湾政客、绿媒不断给民众灌输"美国会保护我们"的观念，使得台湾社会对美国有一种极强的安全依赖感。美方关于台湾的言行，在台湾社会动见观瞻。

因此，岛内蓝绿双方任何时候都想得到美国"关爱"的眼神，借此为扩大自身在岛内的影响力"加持"。美国介入台湾"大选"不是新鲜事，但近些年来变本加厉，甚至不顾分际，引起岛内有正义感人士和媒体的反感。

以 2020 年"大选"为例，有论者直指，美国介入台湾选举，未曾有此次之深。①台湾媒体更是指出，"美国在台协会台北办事处处长"郦英杰 2018 年上任以来，大力推动台美关系，但常视"外交分际"如无物。最明显的例子，2018 年"九合一"县市长选举和 2020 年地区领导人选举，郦英杰和"美国在台协会"皆毫不掩饰自己的"政治偏好"，公开助攻执政党阵营。这些助攻，也被绿营拿来当成造势武器。尽管结果未必皆如美方之意，但已近乎赤裸裸的"干预政治"。②

媒体指"结果未必皆如美方之意"，应是指 2018 年"九合一"选举，美方支持民进党，但民进党却大败。

以高雄市长选举为例。当时韩国瑜成功在高雄乃至全台掀起"韩流"，他一句"高雄又老又穷"戳到民进党"执政"高雄二三十年却毫无建树导致百姓日子难过的痛处，也深受高雄选民认同，被广为传诵。

---

①杨渡：《这不只是一场台湾的选举》，台湾《中国时报》，2020-01-12。
②黑白集：《轮不到郦英杰指点》，台湾《联合报》，2020-05-12。

临近选举投票日，"美国在台协会高雄分处前处长"杜维浩在其个人社交网络账号发文列举自己见证高雄过去几十年发展的成就，称高雄人应该以你们的"新"高雄为傲，还称高雄已开始成为一个吸引人的世界级国际城市。[①]

杜氏的发言，抑谁扬谁，显而易见。

但未被支持的国民党阵营，也不敢对美方多置一词。2020年"大选"后，国民党的领导层在检讨败选和宣示"重开机"时，提出要加强同美国互动。江启臣担任党主席后不久，国民党宣布增设"国际事务部"。

除了政治领域，美方对台湾的干预之手已开始明目张胆地伸向民间组织。2020年4月，郦英杰邀台湾"中华职业棒球大联盟"负责人前往"美在台协会台北办事处"会面时，竟称中华职棒的英文名称"Chinese Professional Baseball League"（缩写CPBL）让部分外国球迷误会CPBL是来自中国大陆，建议在英文相关文宣上加注Taiwan，向外界传达CPBL中华职棒系代表台湾地区的职业棒球联盟。[②]

此事在5月经媒体报道后，引起舆论哗然。媒体直呼，在台湾深受"华航改名"等各种"正名之乱"纷扰之际，

---

① ETtoday 新闻云，https：//www.ettoday.net/news/20181112/1304086.htm，2018-11-12。

②《"AIT"建议改名？联盟发3点》，https：//udn.com/news/story/7001/4551954，2020-05-09。

郦英杰的行为"太超过"。①

美方为何对台湾的指导棋不断、介入日深？原因并不复杂，美方一些人长期以来企图"以台制华"，这几年意图更加明显。配合全面遏制中国和平崛起的大战略，在美国看来，全力"亲美反中"的民进党，比与大陆有历史渊源的国民党更让它放心。

不过，拥有以上种种有利因素，是不是意味着绿营在岛内长期"执政"水到渠成，蓝营再起无望？笔者认为，也不能轻下定论。

前文已述，政党轮替是台湾实行的西式选举制度的常态，两党制的政治模式，一党要想长期在台上并不容易。从社会不同群体的投票变动看，台湾的民意变化一向敏锐而快速，近年来钟摆效应更有加速态势。绿营要维持长期选票优势，有难度。

再来看两党。民进党固然拥有国民党难以比拟的某些优势，但它也有自身难以克服的缺陷和毛病。

台湾社会对于民进党的评价，一是认为民进党精于选举，为了选举可以不惜一切手段，而且常常有效，把对手打得无还手之力。但岛内对于民进党还有另一个评价，那就是民进党治理能力不足。

——————

①黑白集：《轮不到郦英杰指点》，台湾《联合报》，2020-05-12。

在野时，惯于横冲直撞、逞凶斗狠的民进党人物通常能扮演好对执政者的制衡角色，但上台后，处理政务常常荒腔走板，延滞台湾经济社会发展，损害民众福祉。比如，因为意识形态死抱"废核"牌，导致台湾每到夏天用电高峰就战战兢兢，甚至在 2017 年 8 月 15 日的炎热暑期遭遇大停电。缺电也令大企业不敢扩大在台投资。

民进党上台后，党内各个派系全然不顾社会观瞻，亦不问专业能力，只是一个劲儿地抢占公家资源酬庸自家人，吃相难看。败坏官箴的重大丑闻甚至因管理不善导致重大伤亡事件发生后，不见问责，"责任政治"被甩一边。更令舆论哗然的是，台湾媒体还不时爆出民进党政治人物为了选票，竟然与黑道眉来眼去，一些黑道人物洗白后被民进党延揽登堂入室。在台湾社会看来公权力不能碰触的一些领域，民进党也横柴入灶、大喇喇地插手。比如大学校长遴选等，民进党为了让自己属意的人选当选而公然践踏行之有年的遴选办法。对于耗费公帑但不符己意的"公投"结果，弃之不顾；选前选后，政见频现"发夹弯"（指 180 度大转弯）等。凡此种种不知凡几。

在绿营掌控大部分媒体的生态下，新闻报道并没有对民进党"执政"无能以及种种脱序行为和丑闻，做过多揭露和监督，绿营网军也极力带风向为民进党"洗地"，但这并不代表广大民众对于民进党的治理能力和操守没有看法。

从民进党已先后两次上台"执政"的作为看，它身上的上述特质和问题，并不容易改变。而且随着大权在握，往往变得变本加厉。它的这些缺陷给台湾和台湾人民造成的影响和伤害，台湾社会或许忍得了一时，但难以长期容忍。如果长期容忍民进党在台上，台湾社会只会更快沉沦。

本书前面章节已述，中间选民投票动向才是决定台湾选举的关键力量。从国民党的角度看，要让政党支持度并不特定的中间选民投上信任一票，国民党在野时期"立委"们的问政表现和执政县市长业绩，是重要因素。国民党展现自身对于台湾发展和安全具有不可替代的价值，是赢得民众信任的关键。国民党现在虽然较民进党羸弱，但实力应远较当年民进党刚成立时强壮。只要坚持核心理念，充分展现自身不同于民进党的特质，让民众理解国民党核心价值和主张，国民党依然可大有作为。

就蓝绿版图变动而言，短期看，在民进党已经拥有比以前更大优势的现实面前，2024 年"大选"结果是一个重要观察点。如果民进党在蔡英文"执政"8 年后，还能在 2024 年继续以较大优势赢得"大选"，或可说绿营在岛内长期"执政"的趋势初步已成。

不过，两岸有不少长期观察和研究两岸关系的专家学者认为，若民进党在岛内长期"执政"的趋势明显，且始终顽固抱持"台独"分裂主义立场，甚至冲撞挑衅，那么对于解决台湾问题也不尽然是坏事，许多复杂的问题反而会变得清晰。

这就是辩证法。

台湾会越走越远吗？

关心两岸关系走向的人们，除了关注岛内各方政治势力消长，更担心台湾会越走越远。人们普遍担忧的是，多年的"去中国化"教育和民进党利用"执政"优势在岛内持续挑动"反中仇中"民粹，"切香肠"式地推进各种"台独"，将令两岸越走越远，两岸和平统一前景似乎越来越渺茫。

这样的担忧不无道理，也是摆在两岸统一面前的重要问题。笔者时常跟朋友讲，两岸关系错综复杂，如果当前暂时看不到明确答案，不妨拉长观察时间长度，扩大观察维度，答案就会清晰许多。

普通话更标准，中华文化无处不在

笔者 2010 年首次赴台湾驻点时，去民进党主办的活动或是赴台湾中南部地区采访往往会遇到一个小困难：听不懂闽南语。台湾中南部百姓讲闽南语偏多，民进党政治人物为了凸显其"本土"特性，在很多场合尤其是中南部办活动时，也多讲闽南语与民众搏感情。

十年过去，一些变化已经发生。

笔者 2019 年至 2020 年在台驻点采访期间，发现民进党的各种活动中，政治人物讲"国语"（普通话）已是普遍现象，只会偶尔夹杂几句闽南语。打开电视，会看到一些民进党政客和绿营名嘴的普通话水平也较以前提高不少，卷舌音、后鼻音明显增多且流利不少，还能听出来他们在很努力地学用卷舌音。

笔者在台北驻点时，住过的公寓旁边有一家私立安亲课辅班（即托管班）。每每在房间写稿看报时，经常能听见小学一年级的孩子们稚嫩纯真的童声传来的古诗词朗诵声。孩子们朗诵李白的《早发白帝城》《黄鹤楼送孟浩然之广陵》，王翰的《凉州词》，也读王昌龄《芙蓉楼送辛渐》，还有王维的《九月九日忆山东兄弟》，张继的《枫桥夜泊》，贺知章的《回乡偶书》，等等。

安亲班的老师告诉笔者，针对不同年龄的孩子，都有辅导相应的古诗词课程。老师们还说，古诗词朗朗上口，孩子们很喜欢。他们鼓励孩子们小时候多读多背诵唐诗宋词，终身受益。

笔者想，孩子们也许现在还不懂唐朝，不知"凉州"和

"山东"在哪里？也不了解广陵、姑苏城有多远？但他们发出疑问时，老师和家长会告诉他们。等慢慢长大了，他们会自己去寻找答案。

再把时间维度放大。1987年台湾老兵赴大陆探亲开启两岸交流后，前十几年，台湾的流行歌曲、影视剧红遍大江南北。一些有着浓浓"中国风"的台湾电视剧在大陆播出，一时万人空巷。

如今的状况又是如何呢？由于市场小，加上"去中国化"影响，台湾现今拍摄的电视剧更多的是一些所谓小成本"本土剧"，即闽南语对白剧，拍摄的普通话影视剧也很少能在大陆市场收获收视狂潮。

近些年来，经常听到台湾朋友主动跟我们分享大陆当下的热门电视剧，他们甚至对饰演剧中人物的演员年龄、婚恋等状况如数家珍。大陆电视剧时常名列台湾电视收视率前茅。

民进党2016年重新上台后，看到大陆影视剧在岛内备受青睐、时常引发热议，绿营政治人物竟攻击大陆剧"入岛洗脑"，当局更出台相关禁令从2020年9月4日起，禁止爱奇艺、腾讯等陆资影音平台在台落地。

但这些"莫须有"的指控和规定没有妨碍台湾民众追大陆剧的热情，人们想尽办法通过各种"线上看"网站继续追剧，甚至有些民进党高层在公开活动发言中，时常"不小心"引用热播的大陆电视剧剧情。

影视剧等文化产品和获取资讯方便的网络，让台湾民众进一步加深了对中华文化和大陆社会人情风物的了解。在当局历史课纲中消失的三国史，学生们通过影视剧、网络游戏等，得到"恶补"。

深入了解台湾民众生活会发现，大陆的文化影响广泛而真实地存在着。一些酒肆饭馆中播放的音乐，多是大陆网络社交平台时下正红的"神曲"。大陆社会文化和网络热门用语，也往往很快传到台湾，比如"北漂""甩锅""佛系""歪楼""打脸""接地气""颜值""山寨""车厘子自由""老司机""内卷""网红"等，在台湾网络社交平台随处可见。大陆的一些政治行文用语，也被台湾的政治人物学着用。

一些台湾朋友说，他们的孩子对一些事物的称呼，有时会直接用大陆用语，这让他们感到惊讶，比如称"视讯"为"视频"，称"智慧型手机"为"智能手机"等等。有时，笔者与台湾民众聊天时，担心他们不了解而试着用台湾的用语解释时，他们立马会心一笑说"我懂"。

这就是中华文化的深层魅力和两岸文化交流的力量。

中华文化在台湾根深叶茂，是台湾文化的主体和灵魂。这些年来，中华文化在大陆受到更深程度的重视，14亿人对于中华文化的重视和自豪更胜以往，这些都看在台湾民众眼里。一些常年来往两岸的台湾民众常对笔者感叹：中华文化在大陆正在复兴，这是中华文化的希望所在。"去中国化"后，台湾很少再有"中国风"文化产品，大陆文化事业发展迅速，台湾民众通过寻找大陆文化产品来满足需求是自然的。

在说中文、用中文的台湾，中华文化早已熔铸在台湾人民的生活习惯、思维方式和价值观念中，分离主义政治势力处心积虑地搞"去中国化"，企图切断台湾与中华文化的联结，注定徒劳而已。

两岸经贸联系更紧密

2020 年新冠肺炎疫情暴发之初，台湾绿营一些政治人物、学者和媒体趁机唱起与大陆"脱钩"的论调。他们称，疫情的发生警示台湾不能过于依赖大陆市场，鼓吹台湾经济应利用疫情这一"天降良机"趁机与大陆"脱钩"，以解除"台湾产业外移、经济依赖大陆所造成的危机"。

岛内一些泛绿政治团体和专家时常在报章刊文、电视节目中慷慨陈词，认为在疫后全球经济调整中，台湾"不能把鸡蛋放在一个篮子里"，鼓动台商撤回台湾地区或向东南亚、美国转移生产线，逐步与大陆"脱钩"。民进党一些重要政治人物也公开声称要"积极参与全球产业链的重组"。

那么，台湾能做到与大陆经济"脱钩"吗？强行脱钩，会给台湾经济带来什么影响？这些问题，绿营政客、绿媒、名嘴和学者们知道答案，但并没有告诉台湾民众，因为他们生怕真相戳破他们的谎言。

自从 1987 年台湾开放老兵回大陆探亲打开两岸交流大门以后，台湾企业西进大陆蔚为风潮，广大台商以资金、技术和管理经验为大陆改革开放做出了贡献，也分享了大陆经济成长的果实。台湾出口大陆贸易额不断成长。多年来，大陆持续位列台湾第一大出口市场，也是台湾最大贸易顺差来源地。

据台方统计，2020 年，台湾对大陆（含香港）出口额达 1514.52 亿美元，占台湾出口总额的 43.9%，双双创下历史新高。对大陆（含香港）出口占比远超过位居台湾第二、三、四大出口市场的东盟十国（15.4%）、美国（14.6%）和欧洲（8.2%）。这一年，台湾从大陆（含香港）赚取贸易顺差达 866.7 亿美元，台湾当年的贸易顺差总额仅 587.9 亿美元。没有大陆市场，台湾立刻面临贸易逆差。蔡英文"执政"的前 5 年（2016 年至 2020 年），台湾从大陆（含香港）共赚了 3880.6 亿美元贸易顺差，同期台湾对外贸易顺差总额仅 2597.7 亿美元。[①] 扣除对大陆市场的贸易顺差，蔡

---

①贸易数据来源于台当局海关统计。

英文"执政"的前5年将要承受1282.9亿美元巨额贸易逆差。作为高度依赖对外贸易的浅碟经济体，若贸易连年出现逆差，对台湾而言是不可承受之重。

这其实是多年来两岸贸易的缩影。

把时间拉长，更能看出两岸经贸的紧密联结和大陆市场对台湾经济的极端重要性。自1991年至2020年的30年，台湾对外贸易总顺差为7462亿美元，平均每年249亿美元；但台湾对大陆（含香港）贸易顺差则高达14911亿美元，平均每年497亿美元，为台湾30年总贸易顺差和年均贸易顺差的2倍，成为台湾赚取外汇最主要的来源。① 可以讲，自从两岸开启经贸往来，即便李登辉和民进党陈水扁、蔡英文对两岸经贸不断横加阻拦，但大陆市场和两岸贸易已成为驱动台湾经济发展的最重要动力。

几十年来，台商已经深度融入大陆市场。大陆2019年出口100强企业中，台资企业占32家，出口金额占100强企业总出口金额的43.06%。这些在大陆发展良好的优秀台资企业，带动了台湾对大陆出口的快速成长及台湾经济的成长。至2019年底，台湾上市上柜企业中赴大陆投资者占74.5%，大陆成为台商壮大的重要平台。

大陆（含香港）同时也是台湾第一大进口来源地。2020

---

① 贸易数据来源于台当局历年海关统计。

年台湾自大陆（含香港）进口 647.8 亿美元，占同期台湾总进口额的 22.6%。

台湾可不可以降低大陆进口占比呢？实际情况是，台湾自大陆进口的许多货物是台湾整个出口供应链不可或缺的半成品等重要物资，进口中断势必冲击台湾出口。

对外贸易是台湾经济的命脉，近年来占据台湾 GDP 六成左右，大陆占据其出口市场的四成，亦为其最大进口市场，重要性不言而喻。

两岸经济密切往来是经济规律的客观结果。如果认为通过政治力量干预，可以达到所谓降低台湾对大陆市场的依赖，绿营可能需要认真面对三十几年来两岸贸易的历史和现况。

台湾对大陆市场的出口额占其总出口的比重，正是在民进党的陈水扁"执政"时期（2000—2008 年）完成了从两成多到四成的大幅跃升，台湾对大陆投资占其整个对外投资的比重快速上升，八年间平均高达逾六成。也是在陈水扁任内，大陆跃升为台湾第一大出口市场和最大顺差来源地。而被民进党骂了八年"亲中卖台"的马英九时期，台湾对大陆的贸易依存度并没有高过陈水扁后期。蔡英文 2016 年上台后至 2020 年，台湾对大陆市场的贸易依存度比马英九时期更高，大陆市场占台湾总出口的比重稳定在 40% 以上。

甚至在民进党当局和"独"派势力谋"独"闹剧频出、

企图"趁疫脱中"的2020年，台资赴大陆投资大幅增长，台湾对大陆的出口、进口均不降反升，台湾对大陆市场依存度不断走高，两岸经贸联结更深。这一切，都是市场力量驱动使然。

表：台湾对大陆市场出口占其总出口额的比重（单位：亿美元，%）

年份	出口额		对大陆（含香港）出口		
	金额	年增率	金额	年增率	占比
2002	1357.74	7.24	437.39	29.37	32.21
2003	1513.45	11.47	541.92	23.90	35.81
2004	1836.43	21.34	697.91	28.78	38.00
2005	1997.61	8.78	782.76	12.16	39.18
2006	2259.04	13.09	900.46	15.04	39.86
2007	2487.92	10.13	1012.03	12.39	40.68
2008	2580.51	3.72	1005.71	-0.62	38.97
2009	2056.63	-20.30	846.40	-15.84	41.15
2010	2780.08	35.18	1162.20	37.31	41.80
2011	3129.23	12.56	1259.71	8.39	40.26
2012	3064.09	-2.08	1211.61	-3.82	39.54
2013	3114.28	1.64	1253.05	3.42	40.24
2014	3200.92	2.78	1285.34	2.58	40.16
2015	2853.44	-10.86	1125.40	-12.44	39.44
2016	2803.21	-1.76	1122.77	-0.23	40.01
2017	3172.49	13.17	1302.13	15.97	41.04

年份	出口额		对大陆（含香港）出口		
	金额	年增率	金额	年增率	占比
2018	3360. 2	5. 9	1383. 9	6. 3	41. 19
2019	3291. 9	−1. 44	1321. 5	−4. 2	40. 1
2020	3452. 76	4. 9	1514. 52	14. 6	43. 9

（数据来源：台当局海关统计）

分析近年来两岸贸易结构可以发现，台湾出口大陆和自大陆进口的产品均以电子零组件、信息通讯与视听产品为主。这显示两岸贸易的重头属于产业内部贸易，产业上已经做了绵密分工，在同一供应链上运作，难以分割。

也因此，只要大陆经济保持较快发展，在大陆市场的旺盛进口需求下，台湾出口就不会差，台湾经济增速也不会差。

以 2001 年至 2020 年为例。比较这 20 年间大陆与台湾的出口表现，除了 2012 年及 2019 年大陆正增长而台湾负增长以外，其余 18 年两岸的出口表现趋势基本一致。进一步分析可以发现，台湾出口出现负增长的 2012 年、2019 年，也正是大陆出口增速回落较为明显的两年。这显示两岸经贸是依循市场经济规律在运行，民进党当局企图以政治干预是难以撼动的。

台湾经济专家朱云鹏指出，政治上台湾执政者希望两岸关系愈行愈远，最好是不相往来。如果把这种思考投入到经济领域，对台湾的产业将是一大灾难。台湾的内需市场不够大，400年来都是靠贸易来支持经济成长。过去如此，今日犹然。去强迫两岸在经济上脱钩，就是要拔除台湾和亚洲，也是全世界供应链龙头的关系。如果真的这样做，将对台湾的经济和产业造成灾难，对就业造成灾难，对薪资造成灾难。①

2020年新冠肺炎疫情笼罩全球经济，两岸贸易依然高速增长的事实清楚表明，若非靠着对大陆出口不断创新高，台湾经济不可能勉强渡过冲击。也正是深知这一点，绿营高层虽然嘴上喊"反中"，意识形态操作"仇中"，但在ECFA十年届满时，却生怕ECFA不再持续。

从贸易引力模型看，台湾贸易对大陆依赖性提高，主要原因在于改革开放四十多年来，大陆经济稳定快速增长，经济体量持续增大，对周边经济体的吸引力自然也愈来愈大。这是经济规律客观运行的结果。

台当局若想使用行政力量强行将台湾经济与大陆"脱钩"，也许只有一个办法，就是将台湾拉回到两蒋时期，彻底断绝与大陆一切经贸往来。姑且不论能否回到过去两岸冰封的状态，单纯从经贸论，作为高度依存贸易和资源匮乏的

---

①朱云鹏：《慈悲为怀重启两岸经济合作》，台湾《中国时报》，2020-07-23。

海岛，少了逾 40% 的外贸出口市场，少了重要原材料进口来源地，外贸崩盘导致百工百业萧条，台湾承受得起吗？台湾民众会答应吗？

两岸与外部环境

两岸综合实力差距越来越大且在进一步扩大中，这是海内外都看得清楚的方面，在此不作赘述。更重要的是，中国人民维护国家主权和领土完整的决心从来就不曾动摇，维护国家主权和领土完整的信心始终坚定，维护国家主权和领土完整的能力比以前更强。

外部环境，从台当局不断减少的"邦交国"（至 2020 年仅剩 15 个）就可以看出，全世界绝大多数国家认同两岸同属一个中国，台湾问题是中国内部事务。只有极少数国家，视自身利益需要动不动拿台湾当牌打。

由于两岸实力相差悬殊，外部势力因此成为岛内政治势力长期幻想倚以谋"独"和寻求"安全保护"的对象，尤其紧抱美国大腿。

绿营长期宣扬"台美友好"，把大陆军力贬低到看不到美军实力的车尾灯，营造"大陆不敢打台湾，因为美国会来救"的虚妄想象，为自己壮胆。

2019 年至 2020 年，因民进党当局不断挑衅，台海形势严峻复杂，"若台海开战，美国会来救吗？"成为岛内舆论热议话题。其中，有学者引用翔实客观的研究和数据比较了美国与台海的兵力。

2018年11月经美国国会授权，由12位政要共同主持的"国防战略委员会"在咨询了75位美国政军情界负责官员与英、法、日、澳代表官员后，得出结论：美国在台海会"决定性战败"，"就算美国开辟次要战场，中共也不会撤退"。①

2019年6月美国前副国防部长沃克（Robert Work）首次透露美国近年好几次兵棋推演都败于解放军之手，但他没点出次数；9月《纽约时报》揭露为"18次"。自此几乎所有相关文章、新闻来源都加以引用。同年11月另一经美国国会授权的"美中经济与安全检讨委员会"公布近600页的年度报告。该委员会邀请77位民间专家，举行了8次公听会，结论承认"近几年美中在台海的军力对比决定性地有利于中共"，"他们自信到就算明知美国将出兵干预，也可能发动攻台，因为自觉能吓阻或击败美军"。②

2020年9月初美国国防部公布中国大陆军力年度报告，首次提到美国在"军舰数、陆基传统导弹及巡弋飞弹、空防"三个领域，都输给中国大陆。③

①苏起：《美国与台海军力平衡》，台湾《中国时报》，2020-09-29。
②苏起：《美国与台海军力平衡》，台湾《中国时报》，2020-09-29。
③苏起：《美国与台海军力平衡》，台湾《中国时报》，2020-09-29。

然而，不出意外的，这些美国的权威研究也难以唤醒台湾"装睡的人"。不管是学者还是政治人物，只要在台湾发表"美国不会来救""美国来不及救台湾"的观点，对两岸关系提出警讯，呼吁民进党当局应力避误判，更不该铤而走险引发台海战事，都被绿营政客、绿媒、绿营网军围剿并贴上"失败主义""投降主义""中共同路人"等标签。

近两年，绿营不断鼓吹美国通过多部"友台"法案，以佐证"台美关系处 40 年来最好时期"。

出于"以台制华"的需要，近些年美方是出台了一些所谓"友台"法案，然而事实是，美国几十年来通过的法案中，没有任何一项法案明确过美国会为台湾提供军事保护，或者明确若台海发生战事，美国将出兵驰援台湾。

对于这一点，绿营的政客清楚，但却不告诉台湾民众。为给自己壮胆，同时骗取民众支持，他们就只能一直骗下去，伙同绿媒和特定专家学者不断给民众灌输"台湾一旦被统一，美国的第一岛链将被突破，因此美国必救台湾""美国要维持全球盟友对它的信任，必定不会放弃台湾""中国的军力比美国差太远"等观点。

简单说，对中国而言，台湾问题是事关国家主权和领土完整的核心利益。对美国等任何外部势力而言，台湾充其量只是他们与中国博弈的"棋子"。核心利益意即不可退让，"棋子"却可能成为"弃子"。

回顾 1949 年以来的历史，在一穷二白的年代，中国人民都铁骨铮铮，时至今天，还会容忍因台湾问题而导致国家主权和领土完整受损吗？

台湾民意对未来走向预期

可以笃定的是，只要民进党继续在台上，"去中国化"等"渐进式台独"不会停止，否则民进党就不是拥抱"台独"党纲的民进党了，它也无法巩固深绿板块的支持。

但是，民进党不敢也没有能力推动"法理台独"，这也是台湾社会内部已认清的现实。否则，2016 年和 2020 年两度赢得"执政"和"立法院"多数席位优势，民进党完全有能力在"立法院"推动各种"法理台独"行径，但却按兵不动。

那么，台湾民意对台湾未来的走向又是如何看的呢？

在大陆，笔者经常被问到这么几个问题：台湾的民意究竟是怎么想的，他们支持统一吗？赞成"独立"的人多不多？

这需要谈谈所谓的民意问题。

本书的第一章已有论述，民意是岛内政治人物的口头禅之一。民意又经常用民调来佐证。

台湾的媒体经常报道岛内各式各样的民调新闻，尤其每当选举临近，各种民调满天飞。民调来源大致包括媒体、智库、学术机构和当局各个部门，主要政党也会不定期视需要发布各种主题民调。

应该说，作为一种侦测民众意向的工具，民调有其科学性，其结果被广泛认为具有参考性。但遗憾的是，很多时候，民调在岛内却成了某些机构和群体手中的政治工具。

因此，对于岛内发布的各种民调，用网友的话"认真，你就输了"来看待或许是合适的。越是接近选举投票日，对民调结果越要保持谨慎。

民调的机构效应太过明显。民调机构的蓝绿背景，决定了其民调偏向哪一方。选举临近时，根据打击对方士气、激发本方支持者危机感、催出支持者弃保效应等选战策略需要，民调的结果也会不同。

有的媒体和机构常年不发布民调，但在选举投票日前夕突然冒出来一个民调，这样的民调主要是用来"带风向"的，目的是"灭对手威风，长自己士气"。这样的民调基本不用看。等到选举尘埃落定，再把各家发布的选前封关民调和真实数据对比，其差别之大，让人不忍卒睹。但这样被"打脸"的结果，丝毫不影响各家机构下次继续发布同样不靠谱的民调。这些机构自己也清楚，这样的假民调除了在同温层取暖，骗不了多少人。但它们却可以把"假"的空间值拉大，让其他同阵营的民调有更多动手脚的空间。

有的研究机构和媒体常年定期发布民调，或者就某几个主题常年跟踪发布民调趋势，问卷设计简单，提问方式相对客观，这样的长期民调在岛内已经积累起一定的信用度，具有一定的参考价值。

回到民意话题。拥有"台独"党纲的民进党在2016和2020年两次选举中都获得胜利，这是否意味着台湾多数民意支持倾向"独立"？

不能简单这样下结论。

台湾政治大学选举研究中心1994年以来长期在台湾地区进行"台湾民众统独立场趋势分布"民调。数据显示，从1994年12月至2020年6月，选择"统"和"独"的比例起起伏伏，但对于台湾的前途，选择广义"维持现状"的民众比例一直是最高的。

近年来，蓝绿媒体和智库机构所做的民调，呈现的民意也几乎是同样的分布：赞成"统一""独立"的比例，都小于"维持现状"的比例。即使在民进党借新冠肺炎疫情和中美经贸摩擦等不断操作"仇中反中"、拉高两岸敌意的2020年，依然未能改变这一民意结构。也就是说，现阶段台湾民众对统一尚有疑虑，但台湾大多数民众也明白，"独立"对于台湾来讲是做不到的。

2000年以来，四年一次的"大选"投票，台湾的民意对于政党选择或有变化，但并不意味着台湾主流民意在"统"和"独"的选择上有了质的变化。

民意的形成和变化受多种因素综合影响。台湾多数民意选择"维持现状",也是如此。

1949年以后,两岸隔绝多年。台湾先是在两蒋时期经历了近40年的"反共"教育,两岸各自形成了不同的发展道路,社会制度、意识形态等方面差异巨大。两蒋之后至2020年,李登辉、陈水扁、蔡英文前后长达25年接续推行的分裂主义、"去中国化"政策,以及民进党和"台独"势力长期推动的"反中仇中"操作,也给台湾民众埋下了"恐中""惧统"的疑虑。

2008年至2016年,马英九八年任内,两岸关系开启了大交流、大合作、大发展的良好局面,两岸同胞不断走近走亲,但在绿营全力杯葛、抹黑抹红下,两岸民众在短期内的心灵契合程度难以消除过去近60年的两岸隔阂。

2016年蔡英文上台后,两岸关系和平发展的政治基础逐渐被民进党侵蚀殆尽。民进党操作"反中仇中"比起李登辉、陈水扁任内唯恐不及,犹有过之。加上美国为了自身遏华战略的需要,不断挑唆怂恿,民进党当局在"倚美反中"的孤路上越走越远,造成台湾民意一定程度上出现"疏中""远中"的问题。

但即使这样,即使在两岸关系紧张动荡的2020年,"维持现状"仍是岛内各民调呈现出来的主流选择,台湾民意并没有贸然地滑向"独立"。

虽然民进党常年在台灌输"台海有事,美国必定驰援台湾"的迷幻药，但"'台独'意味着战争"也是海峡两岸的共同认知。

因此，民调呈现出一个有意思的现象，当台湾民众被问及：如果要打仗，是否还支持"台独"时，支持比例显著下降。

美国杜克大学2002年开始进行"台湾民意与两岸安全"民意调查，2019年1月完成的这项民调显示，在被问到，"如果台湾宣布独立会引起大陆攻打台湾，请问您赞不赞成台湾独立？"时，回答"赞成"跟"非常赞成"的，合计不到三成。

对于"如果台湾与大陆发生战争，请问您会采取什么行动？"的问题，选择"愿意抵抗"类性质的答案，合计只有23.3%。但在被问到，"如果台湾与大陆发生战争，请问您认为大多数台湾人会不会抵抗？"时，回答"会"和"一定会"的合计则超过六成。也就是说，发生战争时，大部分民众自己不会选择抵抗，但却认为别人会抵抗。

杜克大学长期主持这一调查的牛铭实教授指出，民调显示台湾民众对于统"独"显然是有"成本概念"，如果成本太高，就不要"独立"了。①

---

①杜克大学民调内容参见《民调：两岸若开战仅23% 台湾人愿抵抗，却有6成相信他人会》，远见，https：//www.gvm.com.tw/article/60428，2019-04-09。

还有，多年来，岛内各种民调问及"两岸若爆发冲突，是否愿意上战场？"和"两岸爆发冲突，你认为美国是否会来救？"时，愿意上战场的比例远低于认为美国会来救台湾的比例。

这也就意味着，台湾大部分民众并不愿意为"台独"将带来的战争付出代价，却认为美国大兵会来为台湾"独立"流血。这种看来不可理解的矛盾想法，是拜长期以来岛内政党和媒体灌输所赐。

还有一项值得观察的台湾民意现象，它看似矛盾的背后，反映了台湾民意现阶段和未来对于统一的看法。

毋庸讳言，民调显示现阶段支持"统一"的台湾民众尚不占多数，但对于台湾未来的走向，多数台湾民众却认为两岸终将统一。前文所提牛铭实教授主持的杜克大学历次调查都显示，认为两岸终将走向"统一"的台湾民众居多数，而且近几年还有升高的趋势。

台湾"中央研究院"社会学研究所近年来所做的一项跟踪民调也显示，台湾民众的"当下统独选择"与"预期未来统独走向"出现明显落差。

以"中研院"社会所 2015 年 10 月公布的"统独"调查数据为例，在"当下统独选择"部分的三个选项"统一""独立""中间立场"（问卷未用"维持现状"一词，但应是指"维持现状"）中，民众选择"独立"的比例最高，达

46.4%，其次为 37.5% 的"中间立场"，"统一"为 16.1%。但在"预期未来统独走向"部分的三个选项"被统一""独立""维持现状"中，民众选择"被统一"的比例居冠，达到 49.7%，远超过"独立"的 35.9% 和"维持现状"14.4%。[①]

综合分析两项数据，对于三个选项可以得出几个发现：一是现阶段主张"统一"的占少数，但预期会"被统一"却是多数民意；二是现阶段主张"独立"的占优势，但预期未来做不到"独立"；三是不少人主张"维持现状"，但只有少数人预期能够"维持现状"。

数据反映"当下愿望"与"未来预期"的落差，折射出台湾社会的矛盾心理和情绪。这其实显示了两岸发展客观情势的消长对民众的统"独"认知产生的影响。大陆综合实力的不断增强，形塑了台湾民意关于台湾未来走向的大致预期，为两岸统一奠定了不可逆转的趋势和方向。

只是现阶段，由于两岸长期分离和"台独"分裂势力的多年活动，台湾社会一定程度上弥漫着一种孤立主义情绪。加上在岛内分离主义政治势力的阻挠下，两岸交流仍显不足，台湾民众对大陆了解不够，甚至因为绿营和绿媒经年累

---

①台调查：《46.4%台湾人倾向"独立" 49.7%预期台湾被大陆统一》，观察者网，https：//www.guancha.cn/local/2015_10_26_338948.shtml，2015-10-26。

月的抹黑，对大陆存在误解。

再来，大陆这些年来快速崛起，台湾经济、文化、科技等各方面逐步被大陆超越，台湾社会优越感丧失的同时，带有一定的失落和沮丧感，同时伴随对大陆"巨大"的恐惧。这些复杂的因素和情绪搅和在一起，成了台湾社会存在的一种特殊情绪："被统一"的焦虑。

虽然岛内现阶段民调呈现支持"统一"的比例并不占多数，但是孤悬东南的台湾数百年来与大陆分分合合的历史早已表明，一旦出现有利于统一的形势，支持统一的人数和比例将出现大幅度的增长。

笔者这些年在与一些台湾年轻人的交流中，听到不少人也认为"两岸最终还是会统一"，他们只是害怕统一会失去目前的生活方式和社会制度。笔者问他们，为何觉得统一会导致失去现在的生活方式？他们的回答，与绿营政客和电视名嘴常年恐吓台湾民众的内容大致相同，比如认为"选举会被没收""会失去自由的生活方式"等等，其他也说不出太多理由。至于大陆已经多次明确表示，两岸统一后，台湾的社会制度和生活方式等将得到充分尊重，台湾民众的私人财产、宗教信仰、合法权益将得到充分保障等，台湾年轻人对此并不太清楚。在政党和媒体常年的恐吓灌输和信息选择传播下，年轻人很难听到大陆的主张，也是能够想象的状况。但从台湾民众包括年轻人对"统一"和"被统一"的预期看，统一的力量还是应该对两岸统一充满信心。

对台湾民意现象有了较全面的观察和认知，或能透过台湾纷纷扰扰、起起伏伏的社会动态和民调数据，看到短期波动背后的发展脉络和长期趋势。

关于民意，还有一个有意思的现象。

经过多年观察，笔者有个深刻感受：台湾政治人物和媒体常强调台湾的民意必须受到尊重，但他们对大陆民意的理解却明显不够甚至存在盲区。一旦两岸民意对于某些议题的看法相左或者两岸网民"隔空交火"时，岛内一些人士经常透露出这样的看法：大陆应该"管一管"，言下颇有大陆应该引导和控制民意，否则会坏了两岸关系的气氛之意。他们却不对台湾应该如何引导岛内民意提出意见。

对此，笔者内心常感叹：你们平时口口声声"民主、自由、平等，言论自由"，为何对于大陆民众自由表达意见却会产生"管一管"的要求和想法？两岸一些民众就某些议题看法不一致，为何需要"管一管"的是大陆民意而不是台湾民意？

因此，与他们交流时，笔者常这样说：台湾民众的感受和想法是民意，大陆民众的看法和态度同样是民意，而且是人数更多的民意。没有错，民意本就可以引导，但这与地域无关，大陆可以引导民意，台湾也可以引导民意。进一步说，大陆重视引导民意，但并不意味着大陆不需要尊重民意。长期以来，大陆正是善于体察民心、尊重民意，想民之所想、为民之所盼，经济社会才能保持长期健康稳定发展。

反观台湾，民意很多时候是执政者利用媒体和网军刻意炮制的。在民进党掌握绝大部分传统媒体并动用公帑豢养侧翼网军的当下，民意成为民进党当局廉价操弄的工具，运用得近乎收放自如。舆论对己有利时，强调"尊重民意"；对己不利时，动用媒体和网军带风向，抹黑攻击持不同意见者。

以2020年新冠肺炎疫情蔓延全球时为例，凡是质疑民进党当局政策的声音，不分海内外，都会遭到绿营侧翼网军出征。民进党当局何时默不作声"尊重民意"，任由媒体网军横冲直撞，何时"呼吁大家理性"，全凭政治需要。

笔者关于两岸民意的上述看法，能否说服他们，不得而知。但笔者认为，让两岸民众相互了解彼此的想法，也是两岸交流应该努力实现的重要目标。

从文化、经济、两岸割不断的血缘、两岸综合实力对比、外部环境以及台湾社会内部看法等方面综合分析看，担心台湾不断远离的人们应该抱持信心。台湾就在那里，跑不到哪里去。岛内频繁的选举结果当然值得重视和研究，主要政党和头面政治人物若有试图冲撞红线的言行，也必须揭批挞伐。但是，我们也要看到，台湾每两年就来一次选举（一次"九合一"，一次"大选"），不同阵营的攻防时时刻刻在进行，为了选举利益还时常言语刺激挑衅大陆。如果我们过于关注岛内一时的选举结果和政党、政治人物的一时作为，很容易陷入岛内纷纷扰扰的琐碎之中，甚至掉入特定阵营预设的圈套，为其"助攻"。

岛内风云几乎时刻在变，但两岸发展格局和战略态势不是每天在变。风物长宜放眼量。了解了台湾的政治、经济、社会、文化和风俗人情等方方面面，再以更宏观、更全面的视角观察台湾问题走向，大势实是清晰无比。我们对此应当抱有充分信心。

参考文献

本书在写作过程中，参考了海峡两岸有关文献，一些直接引用的材料，已在正文中注解。在此特将文献列出，俾利读者查阅，并表达诚挚谢意。

一、论著

1. 孙亚夫、李鹏等：《两岸关系 40 年历程（1979—2019）》，北京：九州出版社，2020。

2. 余克礼、贾耀斌主编：《国共两党关系 90 年图鉴》，北京：九州出版社，2011。

3. 余克礼、曹裕江、杨玲主编：《海峡两岸关系 70 年图鉴》，武汉：长江出版社、上海：上海科学技术文献出版社，2020。

4. 董拔萃：《点击台海——反"独"促统文集第五集（增订本）》，香港：香港人民出版社，2019。

5. 许雪姬：《台湾历史辞典》，台北：远流出版，2004。

6. 魏萼：《中国式资本主义——台湾迈向市场经济之路》，台北：三民书局，1993。

7. 叶万安：《为什么台湾经济由盛到衰？70 年来经济自由化发展经验》，台北：远见天下文化出版股份有限公司，2019。

8. 戚嘉林：《台湾史（增订四版）》，台北：戚嘉林出版，2017。

9. 钱复：《钱复回忆录·卷三：1988—2005 年台湾政经变革的关键现场》，台北：远见天下文化出版股份有限公司，2020。

10. 马英九口述、萧旭岑著：《八年执政回忆录》，台北：远见天下文化出版股份有限公司，2018。

11. 台湾高中教科书历史第 1 册，台南：南一书局，2019。

12. 许介鳞：《日本殖民统治的后遗症：台湾 vs. 朝鲜》，台北：文英堂出版社，2011。

13. 许介鳞：《日本殖民统治赞美论总批判》，台北：文英堂出版社，2006。

14. 许介鳞：《后藤新平：一个殖民地统治者的纪录》，台北：文英堂出版社，2008。

15. 许介鳞：《日本殖民地法制下的台湾》，台北：文英堂出版社，2012。

16. 许介鳞：《"台独"脉络记》，台北：人间出版社，2019。

17. 王仲孚：《台湾中学历史教育的大变动——历史教育论集二编》，台北：海峡学术出版社，2013。

18. 台湾高中教科书历史第 1 册，台北：龙腾文化公司，2019。

19. 许南村编，陈映真、吕正惠、杜继平、曾健民著：《反对言伪而辩：陈芳明台湾文学论、后现代论、后殖民论的批判》，台北：人间出版社，2002。

20. 陈国祥：《媒体，宝物或怪兽》，台北：远见天下文化出版股份有限公司，2016。

21. 刘文斌：《台湾国家认同变迁下的两岸关系》，台北：问津堂书局，2005。

二、报刊

1. 叶万安：《台湾究竟创造哪些经济奇迹?》，台北《台湾经济论衡》2010 年 8 月第 8 卷第 8 期。

2. 吴启讷：《民主化抑或民族主义化? ——从历史视角观察台湾政治转型》，《二十一世纪》2020 年 4 月号。

3. 社评：《2300 万与 13 亿的民意对抗》，台湾《旺报》，2016-10-14。

4. 王崑义:《推"反渗透法"小英完成独裁拼图》,台湾《旺报》,2019-11-29。

5. 社论:《"国安五法"天网已成,还要反渗透的补丁?》,台湾《联合报》,2019-11-29。

6. 邱坤玄:《伤害民主撕裂社会》,台湾《联合报》,2019-12-14。

7. 欧阳圣恩:《"反渗透法"通过海基会明年关门?》,台湾《联合报》,2019-12-22。

8. 杨渡:《好恐怖啊,新戒严时代来了!》,台湾《中国时报》,2019-12-25。

9. 社论:《台湾已看不到区域经济整合车尾灯》,台湾《经济日报》,2020-01-24。

10. 洪其昌:《人道先于政治两岸历史机遇》,台湾《中国时报》,2020-02-07。

11. 社论:《台湾防疫措施的傲慢与偏见》,台湾《联合报》,2020-02-14。

12. 黑白集:《瘟疫引发的丑恶歧视》,台湾《联合报》,2020-02-23。

13. 社论:《两岸关系先于台美关系》,台湾《工商时报》,2020-03-06。

14. 社论:《台湾低薪低物价的模式可以维持吗?》,台湾《工商时报》,2020-03-17。

15. 杨渡：《雨脚下的散步》，台湾《中国时报》，2020-05-13。

16. 社论：《全球衰退下台湾经济成长的隐忧》，台湾《工商时报》，2020-05-13。

17. 尹启铭：《两岸是台湾经济的不可或缺》，台湾《中国时报》，2020-05-13。

18. 徐勉生：《我返 WHA 两岸共识比声量更重要》，台湾《联合报》，2020-05-15。

19. 王正方：《赢得国际"骂名"自取其辱》，台湾《联合报》，2020-05-15。

20. 社论：《解析两岸经贸断链台湾难以承受之重》，台湾《工商时报》，2020-06-13。

21. 许文彬：《省思台湾人的中国史观》，台湾《旺报》，2020-06-29。

22. 林谷芳：《逃避历史，就被历史淘汰》，台湾《中国时报》，2020-07-02。

23. 社论：《民进党那只布袋，什么公的私的都敢收》，台湾《联合报》，2020-07-03。

24. 曹若梅：《讲历史只能靠追剧》，台湾《中国时报》，2020-07-26。

25. 衣冠城：《李登辉的日殖世代结束》，台湾《中国时报》，2020-08-07。

26. 南方朔：《中国国民党的"降书"》，台湾《中国时报》，2020-08-24。

27. 沈渝：《历史新课纲三国消失武后不见》，台湾《联合报》，2020-09-07。

28. 社论：《ECFA 十年看清真相与假象》，台湾《经济日报》，2020-09-11。

29. 赖莹绮：《纹风不动的 ECFA》，台湾《工商时报》，2020-09-19。

30. 社论：《半导体业荣景背后藏隐忧》，台湾《经济日报》，2020-10-15。

31. 社论：《美中角力下的全球供应链重组难题》，台湾《工商时报》，2020-10-15。

32. 王健壮：《NCC 委员真不懂新闻专业》，台湾《联合报》，2020-11-01。

33. 社论：《中天换照：一场裁判预定胜负的比赛》，台湾《联合报》，2020-10-28。

34. 苏蘅：《"政府"网军扭曲的楚门世界》，台湾《联合报》，2020-11-21。

三、网站资料

1. 朱云汉：《台湾土地改革的得失》，爱思想，http：//

www. aisixiang. com/data/22425. html，2008－11－21。

2. 汪志雄观点：《台湾由盛转衰的三位关键人物》，风传媒，https：//www. storm. mg/article/1047753，2019－03－15。

3. 中评智库：《当前台湾民众的统"独"心态》，中评网，http：//hk. crntt. com/doc/1053/4/7/3/105347366_5. html？coluid＝7 & kindid＝0 & docid＝105347366 & mdate＝0317001121，2019－03－17。

4. 《拥地产、掌媒体、控政界，林昆海的海派帝国》，风传媒，https：//www. storm. mg/article/2497384？page＝1，2020－04－08。

5. 《李登辉说："我是不是我的我"，你到底是谁?》，远望网站，http：//www. yuanwang. com. tw/detail？id＝315，2020－07－31。

6. 王英津：《未来两岸关系仍危机重重》，中评网，http：//hk. crntt. com/doc/1059/7/1/4/105971471. html？coluid＝93 & kindid＝15470 & docid＝105971471 & mdate＝1231001830，2020－12－31。

后　记

　　《嬗变与归途：深一度看台湾》是我写的第一本书。

　　事非经过不知难。动笔之前，曾想半年内应该能完成写作，但键盘敲起来之后发现想得太简单。查找资料、整理素材、反复核实等工作繁琐而耗费精力，却是准确和丰富写作之必然要求。随着内容的展开，调整之前思路也是常有之事，有的章节甚至推倒重来、重新铺列。因此，本书内容不算多，从构思到完成写作却超过两年。

　　这两年多时间，我在单位承担的工作较多，加之孩子年幼需较多时间陪伴，因此写作多在完成工作和孩子入睡后的深夜和凌晨进行。其间，也曾因身心压力大等原因想过放弃，但总算逼迫自己完成十几万字的写作，算是给自己十几年从事涉台报道和研究做一个阶段性总结和交代。

　　写作过程中得到很多朋友的无私帮助。他们有的在查找资料方面给予及时协助，有的就写作思路给出宝贵建议，有的在我想放弃时鼓励我坚持写下去……没有他们的帮助和鼓励，这本书难以现在面世。他们包括台湾淡江大学副教授林金源、台湾大学社会科学院前院长许介鳞教授及夫人傅琪贻女士、嘉义大学教授吴昆财、世新大学教授张依依、统一联盟党主席戚嘉林博士、海峡学术出版社……名单很长，挂一漏万，深表感激。

还要感谢九州出版社，出版社的编辑老师们为本书的出版做了大量细致工作。他们展现的严谨作风和工作热忱，值得我学习。

最后也是最重要的，要感谢我的家人。他们支持我在工作之余做点自己想做的研究，为我爬格子提供了宝贵时间。

一并致谢。